求是智库
ZJU Think Tank

先进制造业政策观察

2021年

第1辑

《先进制造业政策观察》编写组 编

ZHEJIANG UNIVERSITY PRESS
浙江大学出版社

图书在版编目（CIP）数据

先进制造业政策观察.2021年.第1辑／《先进制造业政策观察》编写组编. —杭州：浙江大学出版社，2021.10

ISBN 978-7-308-21650-0

Ⅰ.①先… Ⅱ.①先… Ⅲ.①制造工业—产业政策—研究—中国 Ⅳ.①F426.4

中国版本图书馆 CIP 数据核字（2021）第 160216 号

先进制造业政策观察(2021 年第 1 辑)

《先进制造业政策观察》编写组编

责任编辑	陈佩钰(yukin_chen@zju.edu.cn)
责任校对	许艺涛
封面设计	周　灵
出版发行	浙江大学出版社
	（杭州市天目山路 148 号　邮政编码 310007）
	（网址:http://www.zjupress.com）
排　　版	杭州青翊图文设计有限公司
印　　刷	杭州钱江彩色印务有限公司
开　　本	787mm×1092mm　1/16
印　　张	11
字　　数	100 千
版 印 次	2021 年 10 月第 1 版　2021 年 10 月第 1 次印刷
书　　号	ISBN 978-7-308-21650-0
定　　价	48.00 元

内容说明

本书旨在通过政策和战略的分析,发现制造业领域存在的重大风险问题,并为解决问题提供新发现和新视角。本书主要内容包括战略政策、策略观点和研究分析三个部分。

战略政策。密切跟踪全球主要国家(地区)在经贸、科技和产业方面的重大战略和政策,通过政策综述的方式,揭示各国最新的战略动向及政策着力点。

策略观点。选取政府相关部门、全球知名智库、国际组织等机构发布的关于制造业发展、供应链安全、产业竞争力、技术竞争等方面的分析和观点,对主要内容进行编译,为我国相关领域分析和研究提供借鉴和思考。

研究分析。 从产业发展、产业技术、产业管理以及产业安全的视角,对制造业竞争、高技术管制、产业安全、出口管制、工业基础调查等方面的内容进行深入分析,为具体领域问题的解决提供新视角,以及在此基础上提供进一步的深入研究和探讨。

目　录

战略政策

美国经贸和科技政策综述

近期，美国政府和国会相关的经贸、科技和产业政策：聚焦供应链安全，网络安全，人工智能和能源战略（氢能、核能）等，显示出美国加快构建"去中国化"的科技和基础设施的供应链，中美科技竞争将加剧；尤其值得注意的是，世界已经进入地缘政治时代，"地缘经济威慑"的影响将加大。美国的政策要点概述如下。

1.供应链安全与供应链风险

关键领域全面开启供应链安全评估。2021 年 2 月

24 日,美国总统拜登签署美国供应链行政命令,以帮助建立更具弹性、安全的关键和基本商品供应链。该项行政命令指出,美国必须确保生产短缺、贸易中断、自然灾害以及外国竞争者和外国对手可能采取的行动不会让美国再次处于脆弱状态,并称此次行动兑现了拜登的竞选承诺,即指导其政府全面应对供应链风险。该行政命令启动了对美国供应链的全面审查,并指示联邦部门和机构确定保护美国供应链免受各种风险和漏洞影响的方法,以建立弹性的供应链,使美国免受关键产品短缺的影响。同时,该行政命令还将促进必要的投资,以保持美国的竞争优势,并加强美国的国家安全。该项行政命令计划对半导体制造和高级封装、高容量电池(包括用于电动汽车的电池)、关键矿产(如 iPhone 和军事系统中使用的稀土元素)以及医疗用品四大高科技行业的供应链进行为期100 天的审查,并对相关工业基础进行更为广泛的行业供应链安全评估。

美议员提议对关键供应链进行对外投资筛选。美国参议员鲍勃·凯西(Bob Casey)在一份声明中称,正在完善立法,建立一个筛选海外投资和关键供应链离岸的程序,以确保美国在危机时刻做好准备。凯西这份声明同样援引了在个人防护用品和医疗设备等关键供应方面对中国的依赖成本,但指出在关键供应链链中还可能存在脆弱性的其他方面知悉不足。凯西在提议中支持成立由美国贸易代表办公室(USTR)领导的委员会,该委员会由美国商务部发挥关键作用,监督应对美国危机准备至关重要的"能力"的审查。凯西提议设立的委员会将重点关注海外投资或向相关国家的离岸外包,其中或将包括一些非市场经济国家的具体规定,以及可能会提出建议,要求总统停止对外投资或采取补救性的贸易行动,这将导致委员会敦促加大对国内产业的支持,包括增加研发投资等。凯西在 2021 年 2 月参议院对财政部副部长提名人沃利·阿德耶莫(Wally Adeyemo)的确认听证会上,形容该提议是一个"反向的外国投资委员会(reverse CFIUS)",将为关键的国家能力建立一个对外投资的屏障。具体而言,提案确定了属于委员会职权范围的"能力",包括医疗用品、与发电有关的能力、国家基础设施应对自然或人为灾害所需的材料以及核心工业基础能力等。此外,委员会还将责成联邦机构确定危机防范所必需的其他能力。

美参议员建议成立"供应链备战办公室"。3 月 19 日,以马尔科·卢比奥(Marco Rubio)(R－FL)和克里斯·库恩斯(Chris Coons)(D－DE)为首的4位参议员提出立法提案,建议在商务部内部设立一个"供应链备战办公室",以监督支持美国制造业的新举措。该法案将在5年内拨款10亿美元,以执行各项规定。该项法案名为《2021年国民生产保障法案》(*National Manufacturing Guard Act of 2021*)。卢比奥在一份声明中称,此次疫情令人们认识到美国供应链的脆弱性和产能的结构性缺陷,国会必须采取行动,解决美国关键的制造业和供应链领域的漏洞和缺陷,尤其是这些领域是由中国主导的情况下。"供应链准备办公室"的任务是评估"关键"资源,使这些资源的供应更有弹性,协调将关键资源分配给危机期间需求最大的地区,并在发生危机时制订供应链应急计划。法案还将设立一个"供应链咨询委员会",成员来自众多政府机构的官员,包括卫生和公众服务部、国土安全部、国防能源部和国务院、国际贸易委员会和国家情报局,以及州一级的官员、至少1名地方一级的官员和至少3名来自工业、劳工组织和研究机构的"制造或供应链专家"。

此外,该项立法提案还将建立一个"国家制造业卫队",其成员将接受培训,为应对供应链危机做准备,并参加年度危机模拟。启动后,卫队将负责与行业合作伙伴协调制造工作、采购原材料和供应品、为关键资源的交付提供后勤支持以及其他活动。同时,法案还将建立供应链数据交换机制,以使商务部能够与私营企业合作,深入了解供应链的脆弱性,并建立制造团队(一个学徒计划),旨在支持制造业劳动力,特别关注代表性不足的群体。

2021 年贸易政策议程和 2020 年度报告。3 月 1 日,美国贸易代表办公室(USTR)向国会提交《2021 年贸易政策议程和 2020 年度报告》。报告称,拜登的贸易议程将侧重于气候变化、疫后经济复苏、国内投资和对工人的支持、促进种族平衡、提高供应链弹性和扩大市场机会等。拜登的贸易政策将是实现政府目标的关键,即通过促进美国气候相关技术的创新和生产,促进弹性可再生能源供应链,到 2050 年减少温室气体排放,实现全球净零排放,这包括考虑碳边界调整。报告概述的拜登政府的贸易优先事项包括:(1)解决疫情问题及疫后经济复苏。贸易议程将支持长期投资,以加强基本医疗设备的国内生产,扩大工业产能,加强应对未来公共卫生危机的准备。(2)以工人为中心的贸易政策。贸易必须保护和

赋予工人权利,推动工资增长,并为所有美国人带来更好
的经济成果。(3)让世界走上可持续的环境和气候之路。
美国将与其他国家进行双边和多边合作,以实现环境可
持续性,提高全球气候目标。(4)促进种族平等和支持服
务不足的社区。(5)通过全面战略应对中国的胁迫性和
不公平的经济贸易行为。(6)与伙伴国和盟友合作。
(7)支持美国农民、牧场主、食品制造商和渔民。(8)促进
全球经济公平增长。(9)让规则有价值。

印太地区供应链安全问题仍聚焦在中国。2021 年 2
月 19 日,美国国际战略研究中心(CSIS)发布《建立具有
韧性的全球供应链:印太地区的地缘政治报告》。报告指
出,目前来看,美国正联合盟友抵制和制裁中国;中国正
向优先发展国内经济转变;欧洲和日本均启动了供应链
转移战略,美国企业应关注未来新的国际合作框架和双/
多边政府对话。

2.夯实美国制造业工业基础,调整科技政策

**拜登政府夯实美国制造业工业基础政策初现,通过
加强购买美国货的规定,确保美国的未来由全体美国工**

人在美国创造。2021 年 1 月 25 日,拜登签署关于"购买美国货"的行政命令,以激励国民购买美国制造的商品,并试图阐明其采取的行动已"超越"此前的"购买美国货"倡议。在签署该项行政命令的当天,拜登作了简短的评论,称其政府当前正开始努力重建美国的支柱:制造业、工会和中产阶级。

首先,该项行政命令被视为拜登政府"重建更好的"经济复苏计划的一部分。其次,该行政命令提高了国内商品含量的阈值①和价格优惠幅度,并授权在白宫管理和预算办公室任命 1 名"美国制造主任",负责监督该项行政命令的执行。拜登还提及已存在了近 1 个世纪之久的《1933 年购买美国货法》(公法 72－428,U. S. C. 8301－8305),指出联邦政府每年在政府采购上的花费约为 6000 亿美元,而上届政府并未给予足够的重视。而根据该项行政命令,如果有机构必须要购买外国产品而非美国产品,那么必须作出解释。此外,拜登还通过该项行政命令撤销了特朗普政府的几项举措,包括 2017 年"购买美国货,雇佣美国人"的行政命令(E. O. 13788),2019 年"加

---

　　① 阈值又称临界值,是指一个效应能够产生的最低值或最高值。文中指的是"最低值"。

强基础设施项目购买美国货优惠"的行政命令(E. O. 13858),以及2021年"为美国邮政服务,鼓励购买美国货政策"的行政命令(E. O. 13975),并以该项行政命令取代特朗普2019年"关于最大限度地利用美国制造的货物、产品和材料"的行政命令(E. O. 13881)。

美国白宫发布"关于通过科学诚信和循证决策恢复对政府信任的备忘录",拉开拜登政府科技政策的序幕。 2021年1月27日,拜登签署设立总统科学技术顾问委员会(PCAST)的行政命令。PCAST由不超过26名成员组成。该委员会的组成如下:总统科技助理应为PCAST的成员;如果科学顾问兼任科技政策办公室主任,则可指定美国首席技术官为PCAST的成员;其余成员应为总统任命的来自联邦政府以外部门的杰出人士和代表。

另根据白宫2021年1月27日发布的"关于通过科学诚信和循证决策恢复对政府信任的备忘证录",拜登政府将科学与技术信息、数据和证据作为健全政策的发展及反复改进的核心。总统备忘录指示科学和技术政策办公室主任应确保行政部门及机构制定、执行科学诚信政策,禁止对科学研究和科学或技术数据的收集进行不适当的政治干预,并防止压制、歪曲科学或技术发现、数据、信息、结论及技术成果;应组建科学诚信工作队,工作队应在许可和审查期间保护科学独立性的有效政策,以及避免对研究或数据的不当政治干预;教育和告知承包商在科学诚信政策方面的权利与责任;解决与新兴技术有关的当前科学诚信政策的差距;根据 2010 年 12 月 17 日主任备忘录第 4 节支持联邦科学家专业发展的政策等。

总体上看,关于总统科学技术顾问委员会的备忘录和行政命令,表达了科学研究和数据收集免受政治干预的独立性的立场,表明拜登政府在科技政策方面或将加大科研机构、科研人员与政府(包括外国政府)关系的评估,同时加大对科研成果的知识产权保护。援引的两项立法,表明拜登政府在高性能计算和纳米技术方面的关注。

3. 网络安全与 5G 成为美国国际风险管理和国会的优先工作

网络安全问题聚焦中国。 2021 年 1 月 11 日,时任美国国土安全部(DHS)代理部长查德·沃尔夫(Chad Wolf)批准了一项战略行动计划,详细阐述了国土安全部为应对中国对美国各种威胁的行动。战略行动计划结合了中国工作组的建议,描述了国土安全部在以下4个关键领域的活动:边境安全和移民、贸易和经济安全、网络安全和关键基础设施,以及海事安全。DHS称,中国提出的挑战是持久的,该战略行动计划是一个重要的里程碑。此外,国土安全部将继续与合作伙伴规划和协调,以适应不断变化的威胁环境。在网络安全和关键基础设施方面,DHS称该领域强调的是在一个日益数字化和互操作的环境中,来自中国的风险。战略行动计划着重提及的包括运输安全、与国际伙伴的合作以及信息和通信技术安全问题,特别是确保下一代电信设备和软件的安全。需注意,拜登政府或将加强与合作伙伴在16个关键基础设施领域的合作,评估设立生物经济关键基础设施部门或子部门的必要性等。

由网络安全和基础设施安全局(CISA)领导的国防部各部门敏锐地意识到美国的网络和关键基础设施方面面临的风险。CISA将与运输安全管理局(TSA)、美国海岸警卫队(USCG)在增强对运输部门网络和新兴技术漏洞的抵御能力方面发挥关键作用。2021年2月19日,美国网络安全与基础设施安全局（CISA）①发布《CISA 全球参与》，提出了中国和供应链及 5G、选举安全、软目标安全、联邦网络安全、工业控制系统五大优先事项。值得关注的是，2021 年 1 月 16 日，美国网络空间日光浴委员会（CSC）发布第五份白皮书《对拜登政府的网络安全建议》，这份白皮书旨在为即将上台的拜登政府提供网络空间安全方面的指导，明确新政府早期可能在网络空间采取的策略，并提出未来几个月和几年的行动重点。CSC 相继发布了《疫情中吸取的关于网络安全的教训》《网络安全劳动力发展战略框架》《如何确保美国信息和通信技术供应链安全》等 4 份白皮书。此外，在网络安全和关键信息基础设施方面，此前在 2020 年 12 月的一封多家商业协会（包括软件联盟、服务业联盟、美国中国商会等）联名的信函中就曾提出对中国信息保护法的担忧，涉及数据本地化要求、跨境数据传输问题、网络安全及关键信息基础设施等。

网络安全是第 117 届美国国会的主要优先任务，网络安全与科技公司监管的博弈持续加大。2021 年 2 月 3

---

① CISA 是美国的"国家风险管理顾问"。

日,美国众议院国土安全委员会宣布将网络安全作为第117 届美国国会任期内的主要优先任务。该委员会将重点应对联邦网络和某些关键基础设施面临的复杂而持续的供应链攻击,避免其受到损害。2021 年 2 月 5 日,美国联邦通信委员会(FCC)宣布,已加入美国国家电信和信息管理局(NTIA)与美国国家科学基金会(NSF)的频谱创新合作协议。该协议寻求加强研发和频谱管理,以应对美国面临的无线通信创新发展的挑战。该计划由 NSF于 2020 年发起,将敦促 FCC 和 NTIA 的员工能够利用专业知识,保障美国频谱研究、基础设施和劳动力发展方面的投资、频谱监管和政策目标。该计划的主要研究领域包括频谱灵活性和敏捷性、实时频谱感知、通过安全和自主的频谱决策提高频谱效率和效力,其近期目标是建立美国第一个国家无线频谱研究中心。**美国认为,鉴于对电磁频谱的需求不断增加,频谱已成为美国确立无线领导地位的核心。**

4.能源战略与绿色发展是拜登政府的重点

美国正式重返《巴黎协定》。2021 年 2 月 19 日,在联合国和美国举办"全球参与行动"峰会上,美国国务卿安东尼·布林肯(Antony Blinken)表示,美国已正式重新加入《巴黎协定》。此外,美国总统拜登在当天举行的"慕尼黑安全会议"上称,他将于4月22日世界地球日时主持有关气候问题峰会,推动包括美国在内主要温室气体排放国采取更具雄心的举措。

美加新伙伴关系路线图。美国和加拿大两国发布了"美加新伙伴关系路线图",描述了两国在疫后经济复苏、气候问题、国防、多样性和包容性以及建立全球联盟等方面进行协调的方式。美国和加拿大发布的该路线图旨在建立两国之间更牢固的伙伴关系,其中的一个重点就是加强美国和加拿大供应链安全的战略。美国和加拿大将协调建立必要的供应链,使美国和加拿大成为电池开发和生产各个方面的全球领导者,为此两国领导者同意加强"加拿大—美国关键矿产行动计划",以实现净零工业转型、零排放汽车电池和可再生能源储存为目标。

美国氢能产业联盟成立。2021年2月4日,由液化空气集团、英美资源集团、Bloom Energy、CF Industries、Chart Industries、康明斯公司、现代、林德、McDermott、壳牌和丰田11家公司共同创建的氢能产业联盟(Hydrogen

Forward)正式成立。该联盟涵盖了从源头到服务的所有氢能价值链环节,联盟认为,加快对氢的投资将有助于美国实现其气候目标,同时氢能产业还可以提供新的高薪工作并提振当前全球经济。目前,氢能产业联盟的成员正在美国国内进行大量的投资,并在全国范围内推动特定氢能项目,以使氢能技术得到规模化推广。

5.情报、冲突与地缘政治

2021年1月14日,美国国会及行政当局中国委员会(CECC)①发布《2020年中国人权与法治年度报告》②。CECC主席詹姆斯·麦高文(James McGovern)(D－MA)称,美国国会和即将上任的拜登政府都应该据此份报告的内容和建议采取相应措施,让中国政府担负起责任,更有效地令美中关系中的普遍人权和法治问题得到优先解决。

---

①　美国国会及行政当局中国委员会(Congressional－Executive Commission on China,CECC)是美国国会于2000年10月成立的独立委员会,其成立的法律依据是 H. R. 4444号法案,其职能是监察中国法治和人权(其中一项工作涉及对中国香港地区"一国两制"实践的监督),每年向美国总统和国会提交一份年度报告。

②　https://www.cecc.gov/sites/chinacommission. house. gov/files/2020%20ANNUAL %20REPORT%20FINAL%201223. pdf

美国众议院武装委员会宣布改组小组委员会以加强对数字技术和情报的监管。2021年2月4日,美国众议院武装委员会宣布成立网络、创新技术和信息系统小组委员会,旨在增强对数字技术的监督,确保美国在关键技术领域领先于竞争对手。原众议院情报和新兴威胁与能力小组委员会将单分出新情报与特种作战小组委员会,旨在应对虚假信息攻击和竞争对手威胁。

大国竞争仍是美国外交和国家安全政策的辩论焦点。2021年2月15日,美国《外交事务》发布《应对大国竞争:美国不应混淆手段和目的》报告指出,在拜登政府的实用主义倾向及共和党的政治影响力下,大国竞争仍是美国外交和国家安全政策的辩论焦点。美国布鲁金斯学会发布《全球安全挑战和战略》指出,大国竞争和跨国威胁的协同给美国带来了巨大的安全挑战,建议美国应追求军事现代化并调整国防政策方向,增强与中国的战略竞争力,深化与印太地区国家的伙伴关系,加深与印度在制衡中国方面的合作。

白宫发布《临时国家安全战略指南》。3月3日,美国白宫发布《临时国家安全战略指南》,强调需要建立联盟和加强民主。该战略概述了拜登政府希望解决的一系列问题,包括疫后经济复苏问题、种族问题、气候变化的威胁以及外国对手越来越多地使用新兴技术和网络攻击威胁美国国家安全等问题。该项临时战略指南被视为拜登政府制定更具体的国家安全战略时,作为联邦机构调整其优先事项的权宜之计,也是为了传达拜登政府对美国如何与世界接触的愿景,并为政府开始制定国家安全战略时各部门和机构调整行动提供指导。临时战略指南阐述了拜登政府对全球形势的看法,解释了美国外交政策的优先事项,特别是涉及提升美国实力的方面。临时战略指南再次指出中国和俄罗斯是美国及全球民主国家的主要威胁,称两国都旨在遏制美国实力、阻止美国和盟友捍卫自身的利益。临时战略指南深入研究了技术和网络威胁,明确表示拜登政府将把网络安全作为整个政府的当务之急,并加强美国在网络空间的能力。临时战略指南将气候变化和疫情列为国家安全的首要威胁,并将气候问题视为重新赢得美国在国际机构中的领导地位的一种方式,并承诺美国将在帮助发展中国家应对气候变化的同时,对新技术进行投资。

三国联合声明。3月22日,加拿大、英国和美国发表联合声明,表示"三国与欧盟一起采取协同措施,明确对中国新疆人权问题的关注，并将继续站在一起，聚焦中国新疆的人权行为"。3月22日，美国贸易代表戴琦与欧洲和英国贸易代表就如何解决飞机补贴争端以及贸易政策如何应对气候变化问题发表了讲话，这也被视为拜登政府向改善跨大西洋关系目标迈出的第一步。与此同时，欧盟官员正寻求将美欧关系恢复至全球贸易体系的中心位置。

6.中美脱钩与技术竞争

国会议员行动。2月18日，美国国会参议员汤姆·科顿(Tom Cotton)提出一项在关键领域与中国脱钩的计划，提议拜登政府扩大对中国投资的限制，并重组部分联邦政府，以更好地协调应对中国的政策。科顿在里根研究所的此次演讲中，援引了前总统在提及马列主义时使用的极具制度偏见色彩的话语，同时发表了一份题为《击败中国：有针对性的脱钩和经济长期战争》(*Beat China：Targeted Decoupling and the Economic Long War*)的报告，阐述了科顿认为美国本届政府应该采取的步骤，以结束在关键领域对中国的依赖，并对美国经济进行投资。

科顿在该份报告中,极具煽动性地呼吁对从事反竞争行为的中国公司征收有针对性的关税,禁止向中国实体销售尖端半导体和相关材料,并开发一种可行的 5G 替代品,以取代中国供应商,这些都是特朗普政府时期所涉及的领域。

关于中美硬脱钩。美国全国商会中国中心 2 月 17 日发布了一份关于中美硬脱钩的分析报告,称中美硬脱钩意味着:这将导致 2025 年美国年产量损失超过 1900 亿美元,到 2030 年损失超过 2500 亿美元。同时指出,中国在未来全球经济增长中所占份额可能超过目前 35% 的水平,将使美国企业在竞争对手增加市场份额时只能处于观望状态。在投资方面,硬脱钩将危及截至 2018 年 6 月美国在华直接投资的 2580 亿美元,包括资本利得、应计商誉和再投资收益在内的估算或将高达 7640 亿美元。此外,还将影响美国对中国的服务出口、研发支出等。2021 年 2 月 3 日,美国国际战略研究中心(CSIS)发布《分离程度:中美脱钩的针对性方法》中期报告建议,未来制定美对华政策的 6 个核心领域,包括地缘战略、经济、人权与民间社会、全球规则与规范、全球公益、技术与创新。

盟友行动。(1)慕尼黑安全会议。拜登 2 月 19 日在慕尼黑安全会议上发表了其就职以来的首次国际讲话，表示如果美国及其在欧洲和亚洲的盟友共同努力，中国提出的经济挑战将得到最有效的应对。此前，G7（美国、加拿大、法国、德国、意大利、日本和英国）领导人举行了一次在线会议，讨论了通过协作解决非市场导向政策和做法的方法。拜登称，除了迫切需要加强在疫后复苏和气候问题上的协调，美国及其盟友必须共同为与中国的长期战略竞争做好准备。

（2）欧盟驻美国大使言论。1月27日，欧盟驻美国大使斯塔夫罗斯·兰姆布里尼迪斯（Stavros Lambrinidis）表示，美国和欧盟必须在技术竞赛中超越中国，同时制定保护关键创新所需的规则，并称不可能"脱钩"，双方应合作超过中国。在特朗普政府执政4年后，欧洲一直在寻求与拜登政府重启跨大西洋协定的谈判。尽管欧盟已于最近与中国签署了一项投资协议，但欧洲官员坚持认为，该协议不会妨碍他们与美国合作应对中国的不公平贸易行为。对此，兰姆布里尼迪斯认为，美欧应首先确保美国和欧洲在关键新技术方面继续保持领先地位，并呼吁投资激励和创新能力，以确保美国和欧盟成为世界上最大的创新中心。兰姆布里尼迪斯认为，必须制定规则，确保有规则阻止知识产权盗窃以及所有其他可能使美欧通过快速运转的重大投资获得的优势被剥夺的情况。这些规则包括贸易规则以及多边机制下加强谈判、合作等。此外,兰姆布里尼迪斯还呼吁美欧在数字技术方面进行合作,并抢在中国之前制定未来的标准,并提议建立贸易和技术理事会(Trade and Technology Council)以允许美国和欧盟就这些问题提出一种协作的方法,该理事会可以在人工智能、数据流和网络安全以及监管和标准等方面的合作达成跨大西洋共识,这些都对美欧未来的竞争力至关重要。

(3)四方峰会。2021年3月12日,美国总统拜登与澳大利亚、印度和日本领导人举行线上会议,这是拜登正式上任以来的首次四方峰会。此次会议聚焦应对新冠疫情和气候危机,以及恢复经济增长。拜登表示,美国希望加强与盟友和伙伴的关系,包括疫苗生产,以及合作获取电动汽车发动机和其他产品所必需的稀土金属。其中,美国表示增加的疫苗产能将用于在东南亚国家进行接种,并以此对抗中国借此在东南亚地区争夺影响力。3月12日,美国白宫国家安全顾问杰克·沙利文(Jake Sullivan)宣布,美国、澳大利亚、日本和印度将成立一个工作组,帮助制定 5G、人工智能和其他技术的标准,并审查供应链问题,以防止半导体和稀土等关键材料的短缺。关于关键和新兴技术工作组的目标:①制定技术设计、开发和使用规范的原则声明;②促进技术标准制定方面的协调,包括国家技术标准机构之间的协调,并与广泛的合作伙伴合作;③鼓励在电信技术部署、设备供应商多样化和未来电信方面的合作,包括通过与私营部门和行业的密切合作;④促进合作,监测包括生物技术在内的关键和新兴技术发展的趋势和机会;⑤召开关键技术供应链对话。

FCC 名单。2021 年 3 月 12 日,美国联邦通信委员会(FCC)公共安全和国土安全局公布了一份被视为威胁国家安全的通信设备和服务名单,该名单以《2019 年安全和可信通信网络法》的规定为依据。名单中包括 5 家生产电信设备和服务的中国公司,这些公司被发现对美国国家安全或美国人的安全和保障构成不可接受的风险。其中包括华为技术公司、中兴通讯公司、海能达通信公司、杭州海康威视数字技术公司和大华科技公司。3 月 17 日,美国联邦通信委员会(FCC)启动撤销 3 家中国电信公司执照的程序。这 3 家运营商分别是中国联通美洲分公司(China Unicom Americas)、太平洋网络公司(Pacific Networks)和ComNet。3月17日,FCC委员杰弗里·斯塔克斯(Geoffrey Starks)在美国会议研究所(American Conference Institute,ACI)电信小组全国论坛上的发言指出,上述公司对美国的国家安全和执法利益都构成重大风险,而此次撤销中国运营商在美国运营的授权将成为美国保护电信网络免受外国对手攻击的极佳案例。除针对上述运营公司的指责外,斯塔克斯还尤其谈及其他受FCC和电信小组(Team Telecom)监督的重要通信领域,主要涉及以下几个方面:(1)重点之一是海底光缆。(2)其他国家安全问题还包括数据窃取的影响,因为中国法律要求这些公司应与中国政府或其他实体秘密共享数据。(3)网络设备的安全问题。

加强投资安全审查。2021年3月24日,美国证券交易委员会(SEC)公布《外国公司问责法》(HFCA法)的实施细则征求意见稿(interim final amendments),该法要求在美国交易所上市的外国公司必须遵守美国审计标准,否则将面临退市。实施细则要求公司向监管机构证明,它们不是外国政府实体所拥有或控制的,并且还要求披露审计安排和政府在其中的影响力。此次SEC发布该文件,是为了确保其能快速跟进有关摘牌机制,至于哪些外国公司被视为不符合美国的审计标准,SEC 正在寻求公众意见。SEC 在声明中称,仍在积极评估如何满足该法的其他要求,包括认定程序和交易禁止要求。但由于许多公司具有在其他司法管辖区注册的子公司或空壳公司的复杂结构,因此确定该措施应适用于哪些实体可能会遇到挑战。3 月 25 日的白宫记者会上,拜登表示,在其任期内不会让中国超越美国,誓言要加大投资,确保美国在与中国的竞争中获胜。其目标是让美国在研发方面的投资从目前相当于国内生产总值(GDP)的约 0.7% 回到 20 世纪 60 年代接近 2% 的水平,尤其是在未来关乎技术、量子计算以及包括医学领域在内的一系列领域。

美国会关于涉及与中国科技竞争的立法提案和听证会密集召开。(1)参议院财政委员会主席罗恩·怀登(Ron Wyden)在 3 月 16 日的听证会上提及美国税法对国内制造业的影响,涉及制定先进制造业税收抵免政策的尝试,以及为美国国内半导体制造商建立税收优惠政策的尝试。其间,怀登援引了《2017 年减税和就业法》(TCJA)中的一项条款,因为该条款对研发产生了抑制作用。TCJA 第 174 节包含一项将于 2022 年 1 月 1 日生效的条款,该条款指示公司在5年内摊销研发费用扣除额,而不是在费用发生的纳税年度进行扣除。在这一问题上,多名参议员在此次听证会上鼓吹拟议中的《美国创新和就业法案》(*American Innovation and Jobs Act*),该法案允许企业继续扣除年度研发费用。在此次听证会上,参议员还提出了一系其他立法提案,称这些提案将有助于美国在与中国的科技竞争中保持领先。例如,通过立法建立"卓越中心",鼓励发展先进的制造工艺等;通过立法建立工业公共区,形成制造商、供应商、发明人和技术工人的一体化区域;提议对劳动力教育的税收抵免,并称之为"相当于研发税收抵免";通过立法鼓励国内生产清洁能源技术,包括美国从中国大量进口的产品,扩大半导体、电池和太阳能组件等关键技术的生产,以大大增加联邦政府在向净零排放经济过渡所需的技术以及开发和生产该技术所需的工人方面的投资等。

(2)参议院外交关系委员会于3月17日举行的"推进21世纪美国对华战略竞争的有效政策"问题听证会。该听证会提出要加倍利用美国的不对称优势,主要包括:①充分利用与盟友的联盟与协作。美国盟友网络是世界上最强大的,美国的研发经费占全球研发经费的28%,而中国已占 26％。但美国加上 6 个盟友提供了超过一半的资金。尽管美国只是全球化供应链中的一个节点，但它与盟友一道控制着芯片制造设备等关键技术。为了对中国作出有效的反应，美国必须在研究、投资、技术标准和出口管制等方面与盟友合作。②美国的开放型社会不断吸引世界上最优秀和最聪明的人才。在美国就业的博士级科学家和工程师中，约有一半在国外出生。美国移民发明了现代计算机芯片，创办了对美国安全和繁荣至关重要的公司，从 SpaceX 到谷歌。但中国的科学和工程劳动力的增长速度远远快于美国，中国将成为世界上最大的科学和工程劳动力。因此，美国必须对国内劳动力进行投资，并通过拓宽、加快科学家和工程师获得永久居留权的途径，确保美国仍然是全球人才的首选目的地。

同时，尤其强调了半导体芯片和人工智能两个领域：①半导体芯片是所有现代技术的基础。尽管美国及其盟友在半导体领域仍处于领先地位，但中国的投资速度却是前所未有的，照此，中国将成为世界上最大的半导体制造商，从根本上改变全球经济和安全格局。与此同时，美国制造商已经失去了市场份额，并将在政策现状下继续落后。为了降低供应链风险，创造高质量的美国就业机会,应该慷慨资助美国芯片法案中的制造业激励计划。为了确保美国在先进芯片方面处于领先地位,并确保这些芯片得到良好的利用,必须与盟友在联合研发方面结成伙伴关系,并加强对芯片制造设备的多边出口管制。②人工智能。人工智能有望彻底改变国家安全、医疗保健、农业、能源、交通和科学发现。美国必须在人工智能安全与保障的研发、人工智能系统的测试与评估、验证与验证(TEVV)以及人工智能开发的试验台和标准等方面与盟友进行更好的合作,必须找到与包括中国在内的竞争对手合作的机会,投资于保护隐私和其他公民自由的新型人工智能技术,并严格控制美国技术出口,如防止中国公司使用先进的人工智能系统进行监控等。

(3)美中经济与安全审查委员会(USCC)于3月19日举行的"美国对中国资本市场和军工企业的投资问题"听证会。该听证会主要针对的是美国对中国资本市场和涉军企业的投资问题,包括对中国债券基金和指数、在美国市场注册的中国公司等的评估,以及当前存在的监管漏洞问题等。建议国会要求美国证券交易委员会:①终止2013年谅解备忘录;②取消所有不符合与美国公司相关的公司治理、披露、审计和财务报告标准的中国公司的注册;③强制指数基金删除并交换任何在 OFAC 制裁名单、美国国防部名单上的中国军事公司或美国商务部实体名单上的中国公司;④堵住指数漏洞,使指数基金能够将美国投资者的储蓄引导到在中国大陆交易所上市的不透明和财务上有问题的中国公司;⑤明确美国投资者在受到注册中国公司损害时可以寻求的法律补救或缺乏的法律补救情况。同时,建议政策制定者执行一致通过的《外国公司问责法》,国会和证交会都不应偏离 3 年的除名时限,因为监管机构几乎没有修改立法规定的自由裁量权。

此外,听证会进一步指出,SEC 应明确的是,中国不可能进行彻底的尽职调查,因此委员会应权衡中国公司从美国转移到中国香港地区上市的成本,以保护美国投资者和美国市场的完整性。SEC 还应研究与中国有业务往来的美国公司或在中国开展业务的美国公司对其投资者构成的法律、政治或声誉风险的类型。

主要参考资料

［1］United States Congress. Public Law 97-34 ［EB/OL］. ［2021-03-25］. https://www. congress. gov

［2］Legal Information Institute. U. S. Code ［EB/OL］. ［2021-03-25］. https://www. law. cornell. edu/uscode/text

［3］USDOC International Trade Administration. Anti-dumping and countervailing investigations，Section 201 investigations ［EB/OL］. ［2021-03-25］. https://www. commerce. gov/bureaus-and-offices/ita

［4］United States International Trade Commission. Section 337 investigations ［EB/OL］. ［2021-03-25］. https:// www. usitc. gov/

［5］United States Trade Representative. Section 301 investigations ［EB/OL］. ［2021-03-25］. https:// ustr. gov/

［6］USDOC Bureau of Industry and Security. Section 232 investigations［EB/OL］.［2021-03-25］. https://www. bis. doc. gov/

［7］U. S. Senate. Eliminating Global Market Distortions to Protect American Jobs Act［EB/OL］.［2021-03-25］. https://www. portman. senate. gov/

［8］U. S. Customs and Border Protection. Withhold Release Orders and Findings［EB/OL］.［2021-03-251］. https://www. cbp. gov/

［9］White House. Presidential actions［EB/OL］.［2021-03-25］. https://www. whitehouse. gov/

［10］Federal Communications Commission. the list of equipment and services covered by section 2 of the secure networks act［EB/OL］.［2021-03-25］. https://www. fcc. gov/

策略观点

美国人工智能国家安全委员会
报告概要解读^①

摘要：北京时间 2021 年 3 月 2 日，美国人工智能国家安全委员会（NSCAI）发布了 700 多页的最终版本研究报告。该报告就美国在人工智能时代如何保卫国家安全、如何在人工智能激烈竞争的时代赢得竞争，维持全球领导地位等展开了一系列论述，报告最后详细阐述了各联

---

① Final Report, National Security Commission on Artificial Intelligence 为了便于阅读和深度思考，本文在翻译过程中尽量保留原文的说法。本文观点不代表本书观点，译文仅供参考。

邦机构今后改革的行动路线。本文对该报告内容进行概要编译,供参考。

一、在人工智能时代保卫美国国家安全

随着战略竞争对手开发用于军事和其他恶意用途的人工智能概念和技术,敌对国家、恐怖分子和犯罪分子可以获得从"深度造假"到致命无人机等廉价和商用的人工智能应用程序,人工智能增强能力将成为新时代冲突的首选工具。为维护国家安全和提升国防能力,美国必须准备好迅速和负责任地采用人工智能来抵御这些威胁。在未使用人工智能的情况下,对抗那些人工智能能力强的对手将是一场灾难。如果没有人工智能的协助,人工操作员将无法抵御人工智能发动的网络攻击或虚假信息、无人机群或导弹攻击等。因此,国家安全专业人员必须拥有世界上最先进的技术来保护自己,执行任务,并保护国民。委员会建议政府采取以下行动。

1.防范人工智能对美国自由开放社会的威胁

各行业对数字的依赖正在将个人和商业漏洞转变为潜在的国家安全漏洞。对手正在利用人工智能系统加强虚假情报活动和网络攻击。他们收集美国民众的个人数据,以便有针对性地对美国民众进行操纵或胁迫。外国影响和干涉的风险越来越大,需要进行组织改革和政策改革,以增强我国应变能力。政府需要成立一个特别小组和全天运营中心来对抗数字虚假情报。更好地保护自己的数据库,并在**外国投资审查、供应链风险管理和国家数据保护立法方面优先考虑数据安全**。政府应利用人工智能支持的网络防御,抵御由人工智能支持的网络攻击。**生物安全必须成为国家安全政策的首要任务。**

2.为未来战争做好准备

如果军队不加速在军事任务中采用人工智能,在未来10年内,美军将丧失竞争性军事技术优势。这需要将自上而下的领导与自下而上的创新相结合,将与操作相

关的人工智能应用程序落实到位。国防部(DoD)应该:

第一,为在 2025 年前人工智能的广泛整合奠定基础。包括构建一个通用的数字基础设施,培养数字化人才,建立更加灵活的采购、预算和监督流程。还需要从战略上剥离那些不适合人工智能作战的军事系统,转而投资下一代能力。

第二,到 2025 年实现军事人工智能备战状态。国防部领导层必须采取行动,推动组织改革,设计创新的作战理念,建立人工智能和数字化程度目标,并定义联合作战网络架构。国防部还必须扩大并集中人工智能研发投资组合。此外,还需要提升与盟友和合作伙伴人工智能的互操作性。

3.管理与人工智能和自主武器相关的风险

人工智能将使武器系统的性能和自主性达到新的水平,但也引发了围绕使用致命武器的重要法律、伦理和战略问题。如果其使用得到人类指挥官或操作员的授权,经过适当设计和测试的自主武器系统可以符合国际人道法的方式使用。国防部应严格现有武器审查和目标程序,包括其自主武器系统的专用协议和对强大的人工智能道德原则的承诺,能够确保美国部署安全可靠的人工智能自主武器系统,并以合法的方式使用。尽管在全球范围内禁止人工智能和自主武器系统既不可行也不符合美国当前的利益,但在全球无限制地使用此类系统,可能会导致冲突的意外升级和增加不稳定风险。为降低风险,美国应:(1)明确美国现行政策,即只有人类才能授权使用核武器,并寻求俄罗斯和中国作出类似的承诺;(2)设定条款,与竞争对手讨论人工智能对稳定性的影响;(3)为人工智能和自主武器系统的开发、测试和使用制定国际标准。

4. 改变国家情报工作

情报界(IC)应该在其工作的各个方面(从收集到分析)采用并整合人工智能的功能。与其他任何国家安全任务相比,情报工作将从人工智能中受益更多。为了充分利用人工智能,美国国家情报局局长办公室需要授权给其科技领导者提供资源。整个情报界应利用开放源代码和公开信息进行分析,并优先收集科学和技术情报。

为更好地了解情况,情报机构需要开发创新人机合作方法,利用人工智能增强人类的判断力。

5.扩大政府部门的数字人才规模

国家安全机构需要更多的数字专家,否则在购买、制造和使用人工智能及相关技术方面将毫无准备。国防部和情报界的人才短缺是2025年之前实现人工智能目标的最大障碍。政府需要新的人才渠道,包括通过美国数字服务学院来培训现有和未来的员工。需要一支民间的国家数字人才储备部队,来招募包括行业专家、学者和新近毕业的大学生等具备相关技能的人才。还需要一支以陆军医疗队为模板的数字部队,来组织已经在政府部门服务的技术人员。

6.建立对人工智能系统的合理信心

如果人工智能无法按照设计的方式运行或无法预测,可能会产生严重的负面后果。那么,领导人将不会采用这些系统,运营商也不会使用,国会不会为其提供资金支持,美国人民也不会支持。为了建立合理的信心,政府应专注于确保人工智能系统的稳健、可靠,包括通过增加在人工智能安全方面的研发投资,并通过国家研究实验室的行动推进人类与人工智能团队的合作等。随着人工智能系统数量、范围和复杂性的不断增长,还应该增强国防部的测试和评估能力。政府应任命负责人工智能的高级主管,以加强行政领导和政策监督。

7. 为国家安全提出一个使用人工智能的民主模式

人工智能工具对美国情报、国土安全和执法机构至关重要。公众的信任将取决于政府对人工智能使用的隐私保护、公民自由和公民权利的合理保证。政府必须赢得这种信任,并确保其对人工智能工具的使用是有效、合理且合法的。这要求开发人工智能工具,以加强监督和审计,提高人工智能使用的透明度,建立人工智能系统,促进隐私保护和公平目标的实现。还要确保那些受到使用人工智能政府行为影响的人能够寻求补救,并建立适当的程序。政府应强化监督和治理机制,成立一个特别工作组,对人工智能和隐私保护、公民自由和公民权利的情况进行评估。

二、赢得技术竞赛

研究、开发和部署人工智能及相关技术的竞赛正在加剧技术竞争,从而支撑更广泛的战略竞争。中国有组织、有资源、有决心赢得这场竞赛。美国在关键领域仍然具有优势,但目前的趋势令人担忧。尽管学界和商界的紧密联系使得竞争变得日趋复杂,但美国必须尽其所能地确保其在创新方面的领导地位。美国政府必须接受人工智能竞争,并通过调整美国的优势来赢得这场竞争。

1.通过白宫主导的技术竞争战略开展行动

美国必须把对人工智能的考虑从技术层面提升至战略层面。现在,人工智能引领的新兴技术巩固了美国的经济繁荣、安全和福利。白宫应该成立一个新的由副总统领导的技术竞争力委员会,综合考量安全、经济和科学,制定全面的科技战略并监督其实施情况。

2.赢得全球人才竞争

如果美国没有在国内培养更多的潜在人才,也没有从国外招聘人才并留住更多的国外现有人才,就有可能丧失对稀缺人工智能专业知识的全球竞争力。美国必须在这两方面积极行动起来。国会应该通过《国防教育法案 II》,以解决美国教育体系的缺陷,涉及从 K-12 教育到就业再培训,以及在对人工智能未来发展至关重要的领域设立数千名本科生和研究生奖学金。同时,国会应该推行一项针对高技能移民的综合移民战略,通过新的激励措施以及签证、绿卡和工作可移动性改革,鼓励更多人工智能的专业人才在美国学习和工作,并留在美国。

3.加快国内人工智能创新

政府必须加大对人工智能的重大研发投资,并建立一个全国性的人工智能研究基础设施,使民众能够获得人工智能发展的资源。政府应该:(1)每年将人工智能研发的非国防经费翻一番,到 2026 年达到每年 320 亿美元,并建立一个国家技术基金会,将国家人工智能研究机构的数量翻一番;(2)建立由云计算资源、实验平台、大规模开放训练数据和开放知识网络组成的国家人工智能研究基础设施,拓宽人工智能的获取途径,支持科学与工程新领域的实验;(3)通过为人工智能创造市场和形成区域创新集群网络,增强商业竞争力。

4. 实施全面的知识产权政策和制度

美国必须认识到知识产权政策是维护美国在人工智能和新兴技术领域领导地位的国家安全优先事项。鉴于中国正在努力优化其知识产权政策,这一点尤为重要。美国缺乏人工智能时代所需要的全面的知识产权政策,并且受到当前美国与专利相关的法律条文不确定性的阻碍。美国政府需要制定一项改革知识产权政策和制度的计划,以促进国家安全的优先事项的实施。

5.建立具有弹性的国内微电子设计和制造基地

在引领微电子行业数十年之后,美国现在几乎完全依赖外国资源来生产尖端半导体,而这些半导体为所有国防系统和其他一切至关重要的人工智能算法提供动力。简而言之,如果政府不采取协调一致的行动,美国先进芯片供应链将面临风险。尽管重建国内芯片制造业成本高昂,但现在必须采取相关行动。美国应致力于一项在最先进的微电子技术领域至少领先中国两代的战略,并承诺提供资金和奖励,以确保美国具备多个尖端微电子制造来源,保证供应链的安全性。

6.保持美国的技术优势

随着美国技术优势差距的缩小,以及外国不断获取美国的技术和"两用"技术,美国必须重新审视如何更好地保护那些创意和技术创新企业。美国必须:

第一,实现出口管制和外国投资审查现代化,以更好地保护关键的"两用"技术,包括加强监管能力和全面实施最近的立法改革,与盟国对先进半导体制造设备实施协调一致的出口管制,并扩大对竞争对手国家投资者的信息披露要求。

第二,将美国的研究企业作为国家资产加以保护,包括为政府部门、执法部门和研究机构提供的工具和资源进行细致的风险评估,并分享有关的具体威胁和战术信息;与盟友和合作伙伴协调研究保护工作;加强对研究机构的网络安全支持;加强签证审查,以限制有问题的研究合作。

7.建立良好的国际技术秩序体系

美国必须与盟友和合作伙伴共同携手,促进新兴技术的利用,以加强民主规范和价值观;协调政策和投资,推动全球数字基础设施和技术的采用;维护国际技术标准的完整性;共同推进人工智能创新;分享实践和资源,以防范对技术的恶意使用和专制国家在民主社会中的影响。美国应该领导一个新兴技术联盟来实现这些目标,并建立一个全球多边人工智能研究所,以提高美国作为新兴技术全球研究中心的地位。国务院应该重新调整方向、重新组织并提供资源,以领导新兴技术领域的外交工作。

8. 赢得相关的技术竞赛

在人工智能领域的领导地位是必要的,但还不足以让美国在整体技术上处于领先地位。人工智能是新兴技术的核心,它使一些技术得以实现,而其自身的实现也得益于其他一些技术。因此,美国必须制定一份单一的、权威的技术清单,以支撑美国在21世纪的国家竞争力。还必须采取大胆行动,提升美国在人工智能、微电子、生物技术、量子计算、5G、机器人和自主系统、增材制造和储能技术领域的领先地位。要实现在这些技术领域的领先地位,需要投资特定平台,以实现转型突破,并基于这些平台建立充满活力的国内制造业生态系统。与此同时,政府还需不断确定并优先考虑更远未来的新兴技术。

三、小　结

美国人工智能国家安全委员会在报告的结论部分明确指出,人工智能将重组世界,美国必须发挥领导作用。

报告指出,人工智能在生活各个方面的应用将不断增长,创新的步伐将继续加快。人工智能的进步是建立在自身发展基础上的,并赋予了重要的先发优势。美国必须采取行动,美国所确立的原则、进行的联邦投资、在国家安全领域培育的应用、重新设计的组织、建立的联盟和伙伴关系以及培养的人才等,都将决定美国的战略方向。美国应该投入所需要的一切资源来保持创新领导地位,负责任地利用人工智能来捍卫自由人民和自由社会,并为全人类的利益超前部署前沿技术。

研究机构建议美国在半导体关键技术节点上实施出口管制^①

摘要：美国乔治敦大学沃尔什外交学院安全与新兴技术中心（CSET）2021年1月发布了《保护半导体供应链》研究报告。报告从政策目标、在瓶颈点上实施出口管制、探索相关政策选项以及中国对出口管制的潜在报复方式等方面，详细分析了美国如何保护半导体供应链。本文

---

① 本文来源于 CSET Policy Brief：Securing Semiconductor Supply Chains。为了便于阅读和深度思考，本文在翻译过程中尽量保留原文的说法。本文观点不代表本书观点，译文仅供参考。

对在瓶颈点上实施出口管制部分进行了编译,该
部分从产业链供应链的角度进行节点分析,可能
是美国未来进行的节点管制的考量范围。

报告指出,多边出口管制应针对中国供应链中的瓶颈
点,以保持中国对高端芯片的进口依赖,从而改善美国及其
盟友的供应链安全。在瓶颈点上实施出口管制可以实现两
个目标:减缓中国的晶圆厂建设和减缓芯片设计能力的开
发,如果能成功地维持中国对芯片的依赖,就可以实现第三
个目标,即美国及其盟友可以对中国获得芯片实施管制。
表1总结了实现有针对性出口管制的最重要瓶颈点。

表 1　出口管制选项

目　标	减缓中国晶圆厂的建设		减缓中国芯片设计能力的提升		对中国实施芯片出口管制
瓶颈点和目前技术领先情况	直接放缓晶圆厂的建设速度	放慢掩膜板的生产	直接妨碍芯片设计能力的提高	减缓EDA软件开发速度	
材料　掩膜板(日本、美国、韩国、中国台湾地区)	掩膜板出口管制				
光刻胶(日本、美国、韩国)	光刻胶出口管制				

续　表

目　标	减缓中国晶圆厂的建设		减缓中国芯片设计能力的提升		对中国实施芯片出口管制
瓶颈点和目前技术领先情况	直接放缓晶圆厂的建设速度	放慢掩膜板的生产	直接妨碍芯片设计能力的提高	减缓 EDA 软件开发速度	
EDA 软件（美国）	实施针对 EDA 软件和晶圆合作实验室的限制		EDA 软件出口管制		对利用 EDA 软件的海外制造芯片实施管制
芯片设计 芯片设计知识产权（IP）（美国、英国、以色列）		芯片设计知识产权（IP）限制		对利用芯片设计 IP 在海外或中国制造芯片实施管制	
先进晶圆厂（美国、韩国、中国台湾地区）				对制造工艺设计包实施管制	芯片管制
晶圆设备 芯片制造设备：光刻设备	光刻设备出口管制				对利用光刻设备的海外制造芯片实施管制
芯片制造设备：非光刻设备（美国、日本及其他国家或地区）	对芯片制造设备瓶颈点实施管制				对利用光刻设备的海外制造芯片实施管制
掩膜板制作工具（美国、日本、德国、瑞典）		掩膜板制作工具出口管制			

　　鉴于复杂的供应链和多种干预点，决策者实施的管制应采取以下逻辑，不仅反映表 1 所列的 3 个目标，同时

还应反映每个目标的最佳着力点。

为减缓中国晶圆厂的建设(目标1),决策者应考虑对中国建立晶圆厂所需投入实施管制:(1)芯片制造设备,可以是光刻设备(选项1A)、非光刻设备(选项1B)或两者同时管制(选项1C);(2)掩膜板的制造材料(光刻胶和光掩模)和设备(选项2);(3)EDA软件(选项3)。**这些管制措施比旨在减缓中国芯片设计能力(目标2)提升的管制措施更有效。**

如果在政治上无法对晶圆厂设备和材料实施管制,或者不成功,那就要**考虑减缓中国芯片设计能力的提升(目标2)**,决策者应考虑采取以下措施:(1)禁止中国芯片设计师获得EDA(选项4A)和设计IP(选项4B);(2)限制中国EDA公司获得制造工艺设计包(PDK)(选项5)。

如果成功对芯片制造设备、材料(及相关设备)、EDA或IP(选项1—5)实施出口管制,可以将中国本土芯片设计或制造能力(目标1—2)限制在较不先进的开发水平或节点。在新节点的芯片(例如5纳米)比前节点(如7纳米)的晶体管密度高1倍,且更具成本优势。中国已将设计能力提高到7纳米,将晶圆生产能力提高到14纳米。表2列出了各种潜在管制的阈值。低于45纳米为最大胆的可用选项,而低于 28 纳米或 16 纳米的效果更具可持续性。阈值低于 5 纳米产生的影响很小,如果中国在半导体制造设备方面取得实质性进展却未能开发极紫外光刻工具,则将停滞在 5 纳米附近。

表 2　各种潜在管制的阈值

节点阈值	≤45 纳米	≤28 纳米	≤16 纳米	≤5 纳米
低于此阈值所用的半导体制造设备	ArF 浸没式光刻占主导地位	需要 ArF 浸没式光刻;新型晶体管材料所需其他工具	新型晶体管结构所需工具	极紫外光刻(EUV)
该阈值以下芯片的成本效益	最先进 5 纳米的 25 倍	最先进 5 纳米的 13 倍	最先进 5 纳米的 5 倍	最先进 5 纳米的 2 倍以下
2021 年该阈值以下中国半导体制造设备市场规模	96 亿美元	75 亿美元	11 亿美元	
中国半导体制造设备的本土化努力	中期:中国正发展该阈值的产能,但建立全面生产能力需要多年	短期:中国并未尝试在该领域实施设备本土化的全面努力		
通过出口管制实现的目标	中国有大量的 45 纳米晶圆产能,但未能建立更多	中国有少量 28 纳米晶圆产能,但未能建立更多	中国有极少量 16 纳米晶圆产能并在努力维护,但未能建立更多	中国没有 5 纳米晶圆产能,无法建立任何工厂

续　表

节点阈值	≤45 纳米	≤28 纳米	≤16 纳米	≤5 纳米
出口管制的有效性	短期内有效:中芯国际利用 ArF 浸没式生产 40 纳米,已经具备足够产能,对中国 45 纳米芯片实施管制效果不明显	至少短期内非常有效:中国必须将各种 28 纳米工具本土化,但可能在短期内难以实现	中长期非常有效:短期内中国不会开发 16 纳米半导体制造设备,对非中国半导体制造设备商的影响很小	长期非常有效:中国必须开发极紫外光刻,这需要十多年的时间,5 纳米的中国产能非常有限

如果成功减缓中国晶圆厂的建设(目标 1),决策者应采取有针对性的管制措施,**避免中国政府和其他行为者获得阈值以下的高端芯片用于损害国际安全或人权(目标 3)**,这些管制可以采取以下一种或多种工具:(1)对芯片实施直接管制(选项 6A);(2)对使用芯片制造设备或 EDA 软件在国外制造的芯片实施管制(选项 6B);(3)对使用设计 IP 在国外制造的芯片实施管制(选项 6C)。通过对大型云计算服务实施额外管制(选项 8),但应允许民用芯片出口。

如果减缓中国晶圆厂建设(目标 1)的目标未能成功,但减缓了中国芯片设计能力的提升(目标 2),对芯片的管制需要采取上述选项的 6A、6B、6C 和 8,并直接向中国出口芯片设计 IP 实施管制(选项 7),以防止中国晶圆厂基于该 IP 制造芯片。

注释 1：有效实施出口管制的考虑因素

为确保管制有效，如果买方是中国晶圆厂，应在国会监督下，对出口许可实施推定否决。目前，绝大部分半导体制造设备和其他半导体技术受到管制，在逐案审批许可政策下，许可官员通常会批准许可。推定否决可以避免对出口管制产生重大影响，国会也可以监督确保其遵循推定否决政策。

决策者可以制定管制措施，对（在适当条件下）企业总部设在美国及其盟友的芯片设计子公司实施排除。美国、韩国和中国台湾地区的芯片制造商拥有先进的晶圆厂。如果这些晶圆厂遵守美国及其盟友的芯片管制措施，美国及其盟友可以继续向其出口晶圆设备和材料。同样，美国及其盟友芯片设计商的中国[①]业务可能会继续获得芯片设计 IP 和 EDA（如果其遵守出口管制法律），但应对新规划的非中国晶圆或中国境内芯片设计企业实施出口限制。

---

① 本书中"美国及其盟友"对应的"中国"主要指"中国大陆"，以下不再一一指出。

　　所有生产商都应该实施多边层面的管制,这样才能确保中国无法生产或应用管制物项。分析认为,美国对中国的广泛单边管制将导致美国半导体产业衰落。许多主要公司从中国获得了可观的收入。即使是逐案审批的许可政策也可能造成几乎同等的伤害。客户可能面临出口许可的延迟,因担心被拒绝进而向非美国供应商购买同等技术。在《瓦森纳协定》下实现多边管制共识可能缓慢而困难,因此,半导体生产成员,特别是美国、韩国、日本、荷兰、德国、英国应该建立一个与半导体相关出口管制、许可政策和实体列表的新多边论坛,随后修改其本国立法,实施本报告中建议的协同管制,并对总部设在成员国的企业将生产转移到多边论坛之外国家之时,实施域外管辖。

　　对技术数据实施严格管制,但允许视同出口。管制应不仅涵盖商品(如半导体制造设备和材料),还涵盖与商品有关的技术数据(即 IP)。对技术数据的管制将减少技术转让并阻止非中国公司为中国此前进口的半导体制造设备提供维修服务。但是,对"视同出口"的管制应进行狭义的调整,确保外国民众可以为美国半导体产业做出贡献。"视同出口"要求美国雇主申请出口许可证后才可能将受控技术数据或源代码转移给外国人(没有美国绿卡或美国国籍的人)。

目标1:减缓中国晶圆厂的建设

美国及其盟友减缓中国晶圆厂的建设(目标1),确保中国仍依赖于从其进口高端芯片,从而刺激美国及其盟友的新晶圆厂建设,满足中国的芯片需求。以下为减缓中国晶圆厂建设的各种出口管制选项。

选项1A:仅对光刻实施管制

在选项1A—1C,仅使用光刻的方法既简单又高度精确。光刻针对特定节点,因而,出口管制可以针对特定的节点阈值。若无法获得针对特定节点的光刻工具,中国的晶圆厂将不会购买同一生产线中使用的配套芯片制造设备。这种方法将减少涉及非光刻芯片制造设备出口许可的复杂性。

- 荷兰应继续对极紫外(EUV)扫描仪实施出口管制,荷兰和日本应对氟化氩(ArF)浸没式扫描仪实施出口管制,这是先进芯片批量生产所必需的,也是中国生产芯片最重要的瓶颈。EUV扫描仪对于批量生产 5 纳米节点芯片是必不可少的,而 EUV 和 ArF 浸没式扫描仪是唯一能够批量生产 ≤28 纳米芯片的光刻工具(ArF 浸没工具主要用于≤45 纳米芯片生产)。2019 年,荷兰决定不续签 ASML 公司向中国出口 EUV 的许可证,**从而将中国的晶圆厂潜力限制在 7 纳米节点**。美国和德国应对向中国出口荷兰 ASML 公司 EUV 扫描仪的关键部件实施管制,例如光源、反射镜和激光放大器,使中国公司生产 EUV 扫描仪更加困难。

- 日本对 EUV 高端抗蚀加工工具(俗称轨道)和 ArF 浸没光刻工艺实施出口管制。

- 为避免中国生产少量高端芯片,美国、日本和德国应继续对电子束光刻实施出口管制;美国、奥地利、德国、日本和瑞典可以对纳米压印光刻实施出口管制;瑞典和德国可以对激光光刻实施出口管制。

这种方法定位明确,美国只需与两个国家合作,荷兰也可以选择不实施严格的管制措施,对 EUV 和 ArF 浸没式扫描仪拒绝许可即可。

选项 1B：对光刻技术以外的芯片制造设备瓶颈点实施管制

如果荷兰不对光刻实施管制，**美国和日本可以引领其他芯片制造设备瓶颈点的多边管制**。日本倾向于与美国合作实行出口管制合作，可能比三方伙伴关系更容易，以下是重要（但非穷尽）的瓶颈点：

- 美国、日本和英国可以对原子层蚀刻工具实施出口管制。
- 美国、日本和中国台湾地区可以对高端离子注入机实施出口管制。
- 美国、日本和其他合作伙伴（荷兰、德国、以色列和韩国）可以对各种类型的计量和检测工具实施出口管制。

这种方法需要更复杂的管制，更高级的节点阈值，且与光刻控制相比，短期内更有效，因为中国可能在非光刻半导体制造设备方面取得进展。一些非光刻芯片制造设备较少针对节点，因此很难将针对特定节点实施出口管制。如果出口管制的阈值＞16 纳米，则拒绝对目标为≤16 纳米的晶圆厂实施芯片制造设备的出口许可;如果目标是＞16纳米晶圆厂或在晶圆厂外部使用,则允许出口。从＞16纳米的晶圆厂转移到≤16纳米的晶圆厂的风险很低,因为中国没有转移芯片制造设备的先例;布满整个房间的大型、精密设备部件很容易损坏,通常需要半导体制造设备厂商帮助晶圆厂组装芯片制造设备。但为了防止转移,对拥有≤16纳米晶圆厂的任何公司应实施出口管制,直到其撤资或出口国可以实体核查。

选项1C:对所有芯片制造设备的瓶颈点实施管制

如果所有必要的国家都参与了出口管制,就可以对所有芯片制造设备的瓶颈点(选项1A-B)实施管制。这种方法比只针对光刻更复杂。但比起只管制自己的技术这种表面游戏,美国应邀请荷兰和日本合作,对美国不生产的EUV和ArF浸没光刻工具实施严格管制,这样更保险。面对只针对光刻的出口管制,中国每年可以在光刻上投资数十亿美元的国家补贴。据称,中国上海微电子装备(SMEE)已经开发出90纳米ArF工具并计划在不久的将来引入28纳米ArF浸没工具。尽管如此,构建低成本、低错误率和高产量的商业工具需要在原型制作后的数年才能实现。因此,尚无任何工厂使用 SMEE 的工具进行大规模芯片生产。即便进行开发,SMEE 的 ArF 浸没工具的产量也可能无法达到对手产量的 1/3。

在可预见的未来,中国赶上 ASML 的前景并不乐观,预计 10 年内中国不会开发商用 EUV 工具,且永远不会成功。但也可能存在惊喜,随着中国登上"光刻技术的高峰",也会进口补充设备以建造新的晶圆厂。此外,平行实现全部芯片制造设备瓶颈点本土化的前景令人生畏,中国可能不愿耗时耗力,转而依靠芯片进口。

选项 2:材料和相关设备

在对上述芯片制造设备实施出口管制的基础上,美国及其盟友可以扩大对高端掩膜板、先进光刻胶和掩模制造设备(电子束和激光光刻工具)的管制。将对材料的管制与其所需设备管制相结合,中国实现这些技术的本土化将面临困境。掩膜板和光刻胶是基于特定节点的,因此根据节点阈值实施管制更加有效。掩膜板特定于一种芯片设计,且该芯片本身就是基于特定节点,而光刻胶针对光刻过程,如 EUV 和 ArF 浸没,光刻本身基于特定节点。

(1)美国、日本、韩国和中国台湾地区应管制掩膜板并减缓其在中国的发展,美国、日本、德国和瑞典应继续对掩膜板制造设备(电子束和激光光刻工具)实施管制。

(2)美国、日本和韩国对光刻胶实施管制。

选项 3:对中国晶圆厂的 EDA 软件实施管制

在 EDA 软件领域,美国拥有 96％ 的市场份额,且具备全部高端芯片所需 EDA 工具,因此,应防止 EDA 公司接收中国晶圆厂的制造工艺设计包(PDK),以开发支持中国晶圆厂先进节点的 EDA 软件。每个 PDK 都对应唯一的芯片制造商和节点。EDA 工具利用 PDK 设计基于 PDK 建模的制造过程。没有软件生产中国晶圆厂设计的芯片,这些晶圆厂形同虚设。尽管出口管制有效,但也需要动用其他法律工具,阻止美国 EDA 公司与中国晶圆厂合作,特别是在只有晶圆厂将 IP 传递给 EDA 公司,而该 EDA 公司未与该晶圆厂共享任何 IP 的情况下。

注释 2:出口管制对设备和材料的影响

低于临界节点阈值的中国先进晶圆厂产能将停滞甚

至收缩。考虑到已针对芯片制造设备实施管制,对掩模板和掩模制作光刻工具的管制将导致中国工厂无法修复低于出口管制节点阈值以下已进口的芯片制造设备,进口芯片制造设备可能年久失修,中国无法保持其14纳米甚至28纳米的国内晶圆产能。对光刻胶的管制会导致中国现有的先进晶圆厂更快失去活力。

美国及其"盟友"建造新的晶圆厂,对半导体制造设备和材料公司的长期影响不大。目前,全球半导体市场容量只能支持少数几个最先进的晶圆厂,中国台湾地区的台积电(TSMC),韩国的三星(Samsung)和美国的英特尔(Intel)的技术水平最先进。中国大陆最领先的技术落后了三代,领先的芯片制造商中芯国际目前只能少量生产2015年上述领先企业实现的技术水平(中芯国际已经受到美国单边出口管制)。成本上涨和技术挑战的提高导致摩尔定律放缓,可能有助于中国弯道超车,但几十年来中国对半导体产业的补贴效果并不明显。在这种情况下,**半导体设备制造和材料出口管制将遏制中国大陆最先进的能力,**并帮助确保美国、韩国不遭受利益损失。固定比例的半导体设备制造和消耗性材料只能服务于固定产量的晶圆。从长远来看,为服务全球芯片需求,美国及其盟友应将建立与中国规划同等的产品能力,在不受管制和补贴影响下,购买同样数量的半导体制造设备和材料。尽管由于供应链的重组和中国补贴的减少,近期收入下降,但半导体设备制造和材料公司的长期收入将不受影响。此外,与中国不同,美国及其盟友的晶圆厂不会受到进口限制,可以为半导体制造设备和材料公司创建更可靠的合作伙伴。(认识到这些影响,**美国及其盟友应将出口管制仅限于针对人权和国家安全,并避免将其用于纯粹的经济目的**)

　　中国建立半导体制造设备和材料产业以及广泛半导体行业的努力将受挫。第一,出口管制将阻止向中国的技术转移,限制美国及其盟友公司在中国建立研发基地,避免中国实现半导体设备制造和材料逆向工程,禁止美国及其盟友的技术人员协助中国进口半导体设备制造和材料。第二,缺少新的先进晶圆厂以及无法维护现有的先进晶圆厂,中国的半导体产业将失去进一步创新的能力,工程师无法积累相关技能,国产半导体制造设备可能会失去本地客户。第三,如果先进的晶圆厂倒闭,虽然中国在重新获得半导体设备制造和材料时可能不惜代价重启晶圆厂,但中国半导体产业的发展速度也将被放缓。

目标 2:减缓芯片设计能力的提升

如果减缓中国芯片晶圆厂的建设(目标 1)没有成功,那么美国及其盟友应考虑减缓中国芯片设计能力的提升。维持中国对国外设计知识产权(IP)在本地制造先进芯片的依赖(目标 2),将有可能对中国的先进芯片和国外设计 IP 进行有针对性的出口管制,使其在本地生产。可以通过下述出口管制措施来减缓中国芯片设计能力的提高。

选项 4:针对中国芯片设计者的建议措施

基于影响 EDA 公司和芯片设计人员收入的风险,决策者只需在管控半导体设备制造和原材料的多边努力失败的情况下(考虑)扩大对这些区域的出口管制。即使这样,也应在对先进及专用 EDA 能力和芯片设计 IP 实施管控之前,仔细权衡利弊。

选项 4A、4B:对中国芯片设计人员实施 EDA 软件和芯片设计 IP 限制

对 EDA 软件和先进芯片设计 IP 实施出口管制,能限制中国的先进芯片设计活动,减缓中国通过技术转让

和开发替代芯片架构生态系统,以取代美国芯片架构的努力。在一定程度上,中国芯片设计人员无法设计出专门针对国内市场需求的芯片,而美国及其盟友芯片设计人员可因此赢得中国所失去的业务(与选项 3 中所述的对 EDA 的管控不同,这些限制措施针对的是中国芯片设计师,而不是与中国晶圆厂的合作)。目前,美国主导着 EDA 和关键芯片的设计,包括 ×86 CPU、GPU 和 FPGA。同时,美国和英国是授权中国芯片设计者设计各种芯片的核心 IP 的主要提供商。

但即使抑制了中国的本土设计能力,出口管制措施可能同时损害美国 EDA 公司以及美国和英国芯片设计公司的利益。EDA 盗版也可能使 EDA 管控的效果不如预期。因此,上述管控措施应该是一个狭义的选择。而最为适当的平衡措施可能是限制对支持最新节点的 EDA 软件和设计 IP 的访问,其功能或 IP 专用于设计复杂的、专业的或与安全相关的芯片,如尖端 AI 培训 ASICs,或设计此类芯片的最终用户。即使如此,管控措施对于已经作为本地软件出售的任何 EDA 工具而言,可能无效,因为它们可以被盗版。

选项 5：管控工艺设计包

美国、韩国和中国台湾地区可以在最大程度上管控高级节点 PDKs，尤其是≤10 纳米及以下。这样做会阻止中国大陆的 EDA 公司支持芯片设计人员将制造外包给这些国家和地区的最先进的工厂（英特尔、台积电和三星），并保护美国 EDA 软件供应商的竞争力。与使用 EDA 软件和设计 IP 的风险相比，此类管控的风险较小，进而对美国及其盟友的半导体公司的收入影响也会更小。

目标 3：对芯片应用实施管制

如果上述出口管制措施减缓了中国晶圆厂的建设（目标 1）或设计能力的提升（目标 2），中国将继续依赖从美国及其盟友进口最先进的芯片及高级专用芯片，如 AI 芯片。对此，美国及其盟友应采取有针对性的出口管制措施，以制止中国政府及其他实体以损害国际安全和人权的方式获取先进芯片（目标 3）。尤其应严格调整芯片出口管制措施，以捕获与安全相关的最终用途和最终用户，并允许将所管控的出口物项用于商业用途。以下总结了限制中国对先进芯片使用的出口管制措施。

注释3:允许民用芯片出口

无论采用哪种方法,应严格针对与安全相关的最终用途和最终用户制定芯片出口管制措施,并允许将出口用于和平的商业用途。美国及其盟友应拒绝向中国、超级计算实体、侵犯人权者及与中国军方合作的实体出口芯片。该政策旨在防止危险技术的扩散和先发制人的军备竞赛,以及促进包括中国公民在内的全球安全、民主价值观和人权。同时,允许出口用于和平的商业用途,以避免不必要地损害中国的整体经济。与对某些生产芯片的供应链输入(如中小企业)的出口管制相反,对中国广泛的芯片出口管制措施可能会在短期和长期内严重影响企业受益。鉴于美国芯片制造商在中国市场的大量收入敞口,广泛的芯片管制措施可能严重且不可弥补地损害美国的半导体产业。此外,中国民营企业在美国及其盟友芯片产业上的支出(目前每年约数千亿美元),使中国每年对其本国行业的150亿美元补贴相形见绌。因此,继续出口民用芯片将有助于维持美国及其盟友在半导体行业的领先地位。

选项 6:芯片管制

如果中国缺乏先进的晶圆厂建设能力,美国及其盟友可以采用 3 种方法中的任何一种或结合使用来管控芯片。

选项 6A:对晶圆厂芯片的出口管制

拥有晶圆厂的国家(地区)对芯片实施管制,尤其是美国、韩国和中国台湾地区是世界上仅有的拥有 10 纳米以下产能的晶圆厂的总部所在地。CSET《保护半导体供应链》研究报告在附件 D 中表 6 列出了每个国家和地区的公司总部最先进的≤45 纳米当前或计划中的逻辑芯片代工厂(Logic Foundries)、逻辑芯片 IDMs(Logic IDMs)和存储器 IDM。美国可以通过最低含量规则、外国直接产品规则或基于这些公司所在地实施域外出口管制措施,其他参与方也可以借鉴这种做法。

选项 6B:对用美国及其盟友设备或软件在国外制造的芯片实施管制

如果在第一种方法下很难实现多边管制,那么控制供应链瓶颈的国家(美国、日本以及荷兰)可以使用美国外国直接产品规则及其外国实体来管控全球先进芯片的准入。根据该规则,如果使用基于国家安全管控的美国原产物项来生产芯片,则出口管制适用于在国外制造的芯片。作为许多非光刻芯片制造工具和 EDA 工具的主要生产国,美国可以对全球先进晶圆厂生产的先进芯片实施管制。2020 年,美国专门针对华为通过了该规则的扩展版本,要求世界上任何一家工厂使用美国设备、软件或技术数据制造的芯片都需要获得出口许可证,否则无法向中国大陆出口。这种单边方法被证明是有效的——台积电(TSMC)的合规证明了这一点——因为没有先进的晶圆厂可以使用。在可预见的将来,无需美国半导体设备制造就可以运营。但最好进行多边合作,尤其应强调与日本的合作。

实施域外管控的困难以及对美国盟友的强加措施,使这种方法不如拥有先进芯片晶圆厂的国家统一采用多边管控(更为有效)。因此,当这种合作失败时,应狭义地谨慎使用该工具,以免对国家和国际安全造成重大威胁。此杠杆还可以用作讨价还价的工具,以实现对芯片直接管控的多边合作(选项 6A)。

选项 6C：对用美国及其盟友芯片 IP 在国外制造的芯片实施管制

让拥有先进芯片设计公司的国家（尤其是美国和英国）使用美国最低含量规则修订版及其外国实体来管控芯片设计 IP。目前，根据最低含量规则，如果某项商品包含在接收国所管控的美国原产成分的阈值百分比内，则美国的出口管制措施适用于该芯片。如果接收国是中国，则受控芯片的最低阈值为 0，受控存储芯片的阈值为 25％。对于不受管控的芯片，其阈值也为 25％。当前，最低含量规则并未计入技术数据（例如 IP）嵌入芯片等物理商品的情况，对于特定芯片向中国出口应弥补这一漏洞。

选项 7：对芯片设计 IP 实施出口管制

如果中国的瓶颈是先进晶圆厂的生产能力，美国及其盟友应通过实施上述一项或多项出口管制措施（选择 6A—C）来限制中国的芯片准入。然而，如果中国拥有先进的晶圆厂，但缺乏先进的芯片设计能力，那么就需要实施一种不同的方法。美国及其盟友将需要至少采用上述出口管制中的一项，以防止其获得外国制造的先进芯片，必须将这些管控措施与直接向中国出口芯片设计 IP 的管控措施相结合,以防止其晶圆厂使用该 IP 制造芯片。或者要求外国芯片设计者不要将在中国制造的芯片出售给已列入"黑名单"的中国最终用户。

选项 8:云计算访问(服务)管制

尽管目前尚未就此实施出口管制,但美国应确定提供大量云计算服务的国家,然后与其合作,将出口管制扩展到购买大型云计算服务,通过购买云计算服务来访问受控芯片。例如,**一家中国实体可以在美国成立一家空壳公司,并以匿名方式从美国供应商那里购买云计算服务,还可以通过代理服务器匿名访问云计算服务。这些购买无需芯片出口,从而不会受限于出口管制措施。**决策者应考虑弥补这一漏洞。例如,如果云计算采购商的购买量超过较大阈值,可能需要对其进行身份审查,实施最终用途追溯。如果出口给客户同类芯片需要出口许可证,则此时也需要获得许可证。如果云计算供应商怀疑客户的真实身份,则可能需要采取合理的措施来审查或确认其身份。目前,尚需开展更多研究来确定弥补这一漏洞的理想法律工具。

注释 4:AI 治理提案——对 AI 芯片实施监控和管制

美国及其盟友应采取选项 6—8 实施监视,并在必要时对 AI 芯片进行狭义的、有针对性的管制,这对于以经济高效的方式测试先进的 AI 系统是必要的。此类芯片包括领先的服务器级 GPUs、FPGAs 和 AI 培训 ASICs。首先,应确定申报要求,以识别购买者以及所销售芯片的类型和数量,以在有关国家或地区内实现出口、再出口和内国转移。其次,美国及其盟友可以对被发现正在以不安全或不道德的方式开发或部署 AI 的行为者实施管控,(因为)这可能会导致竞争加剧,从而威胁先进系统或军事应用的安全性。

我们需要采取不同的策略工具。首先,美国可以根据外国直接产品规则(选项 6B)实施单边管制,此选项最简单也最有效。其次,美国、韩国和中国台湾地区——拥有绝大多数能够制造先进 AI 芯片的逻辑工厂——可以监视和管控晶圆厂的芯片出口(选项 6A)。第三,美国可以根据 AI 芯片设计的最低含量规则(选项 6C)来监视和管控直接出口(选项 7)和再出口。美国公司设计了所有服务器级 GPU 和 FPGA 以及大多数 AI 培训

ASIC,可以实现绝大部分的单边管制。同时,英国和以色列的一些公司也设计了商业 AI 培训 ASIC,可能也需要他们的参与。同时,基于最低含量的芯片设计管制措施,不会阻止中国公司将自己的 AI 芯片设计外包给台积电(TSMC)等代工厂制造。由于其自身的困难或对 EDA 软件和设计 IP 的出口管制,有效的芯片设计管控将使得中国晶圆厂的设计部门无法设计先进的 AI 芯片。因此,芯片设计管控最好与其他方法结合使用。最后,美国及其盟友应对从云计算服务中大量购买 AI 计算能力的实体实施审查(选项 8)。

从产业政策到创新战略

——日本、欧洲和美国的经验①

摘要: 产业政策一直是美国政策制定的一个显著的特征。自第二次世界大战以来,美国政府利用军事采购和巨额研发预算,加快了作为现代经济基础的尖端技术的发展,包括互联网、疫苗、卫星、超级计算和智能手机组件。为了应对当前的经济挑战,特别是应对新冠肺炎

---

① 本文来源于 CSIS。原文标题:From Industrial Policy to Innovation Strategy-Lessons from Japan,Europe,and the United States。为了便于阅读和深度思考,本文在翻译过程中尽量保留原文的说法。本文观点不代表本书观点,译文仅供参考。

疫情的大流行和中国的崛起,美国的政策制定
者以及商界领袖纷纷呼吁政府采取更积极的措
施促进国内生产和创新。然而,在如何做到这
一点上存在重大分歧。本文回顾了日本、西欧
和美国有关产业政策的历史做法,并据此提出
了10项"首要原则",旨在指导美国政府实施更
加积极的创新战略,并重申美国在关键技术领
域的领导地位。

一、报告背景:美国面临的挑战

为了应对当前的经济挑战,特别是应对新冠肺炎疫
情的大流行和中国的崛起,美国的政策制定者以及商界
领袖纷纷呼吁政府采取更加积极的措施来促进国内生产
和创新。美国的政策制定者和企业认为,"中国制造
2025"是构成中国产业战略的国家和地方计划的核心内
容。他们担心中国成为全球创新领袖的雄心,将削弱美

国的竞争力和国家安全。面对中国的挑战,尽管越来越多的美国人呼吁联邦政府更积极地推动创新,但在如何做到这一点上存在重大分歧。本文关注政府在支持关键技术创新方面的作用,回顾了日本、西欧和美国有关产业政策的历史方法。同时,根据这些经验,提出了一套"首要原则"。本文得出的结论是:需要一种全面的方法,重新建立政府、学术界和商界之间的"三角联盟"关系。长期以来,正是这种"三角联盟"关系推了美国的技术突破。

二、日本:产业政策和经济奇迹

20世纪下半叶,日本经历了前所未有的经济增长,其国内生产总值从1960年的440亿美元增至1995年的5.45万亿美元,增长了123倍。在这"奇迹"增长的几十年里,日本政府经常"干预"私营部门,并将资源引向目标部门。

日本经济学家藤原正宽和美国经济学家劳拉·安德烈·泰森(Laura Andre Tyson)指出了日本产业政策经

历的 3 个阶段，而且每个阶段使用了不同的工具：

- 1945—1960 年：战后重建阶段，当时日本政府通过价格控制、定量配给以及煤炭和钢铁产业优先生产的方式直接管理私营部门的活动。

- 1960—1973 年：通过税收优惠、补贴、优惠融资和贸易保护等"强硬"措施支持战略产业的发展。

- 1973—1990 年：通过"软"措施支持战略产业，包括行政指导、国家推动的产业研究协调协会，以及应对供应和外汇冲击的结构性调整援助。

报告总结了日本产业政策的几点经验：

- 产业政策依赖于日本经济"支撑性"的结构特征。如果没有受过高等教育的劳动力、高储蓄率和投资率，以及引进外国技术的能力，日本经济不会实现高速增长。

- 明确的目标。起初，日本通产省更倾向于支持重工业和公用事业，取得了不同的效果。20 世纪 70年代，日本通产省将政策转向先进技术制造业，旨在与美国竞争。

- 日本产业政策的目标是基础技术，而非国防应用。与美国和苏联建立国防创新基地的方法不同，日本通产省的目标是基础技术,特别是那些对钢铁和半导体等产业至关重要的基础技术。随着日本产业政策的成熟,日本通产省开始支持机器人技术和人工智能等前沿技术的研发。

- 成功的干预措施深化了公共和私营部门之间的协作。日本成功的产业政策确立了战略方向,培育了产业间的联系,从而确保中期目标的实现。这些目标通过承认共同的产业挑战、公私联合融资和研究项目的所有权,以及通过临时技术研究协会提供的支持性补贴,鼓励私营部门的参与。

- 成功的战略需要国际竞争。日本的出口导向型企业比内向型企业生产率更高,因为它们被迫在创新方面超越国际竞争对手,并有学习和适应外国技术的动机。韩国和中国台湾地区采取了类似的战略,强调出口的复杂性和抢占国际市场的优先权。

- 不成功的干预措施抑制了内部竞争。在某些领域,日本通产省利用行政指导限制或阻碍竞争,以创造国内冠军企业。企业往往反对这些举措,研究表明,内部竞争激烈的行业反而最具国际竞争力,而在竞争受到限制的行业则缺乏竞争力。

- 日本通产省的举措呈现出一定的政治影响和内部偏见。批评人士称,日本现有的大型企业从通产省获得了不成比例的政策支持,以牺牲小企业、新进入者和外国公司为代价。

三、西欧:以其他方式制定的产业政策

大多数西欧国家在战后时期使用的"强硬"的产业政策工具(如价格控制、行政指导、贸易保护)比日本少。事实上,西欧国家以其他方式推行产业政策,包括补贴研发投资、免除某些特定技术的竞争规则以及通过监管创造需求(如可再生能源)。

本文研究了 3 个欧洲产业政策的案例:德国弗劳恩霍夫制造研究所、丹麦对风能产业的支持,以及试图创建一家与谷歌竞争的欧洲数字搜索公司。

1. 德国弗劳恩霍夫协会:社会创新的联系

德国有着悠久的公私合作的历史,尤其是在制造业领域。弗劳恩霍夫协会(Fraunhofer Society)是一家成立于 1949 年的非营利性机构,旨在支持应用型研究。截至 2019 年,该协会在德国各地 72 个研究所拥有 26600 名员工,运营预算为 26 亿欧元(29 亿美元),研究资金大约有 1/3 来自产业合同,1/3 来自公共资助的研究项目,1/3 来自德国联邦政府和地方政府的"基础资金"。根据弗劳恩霍夫协会 2018 年度报告,大量的公众支持使该协会能够"致力于解决 5 年或 10 年后将对产业和社会产生重大影响的问题"。弗劳恩霍夫协会拥有 6881 个活跃的专利家族,包括 mp3 压缩算法,并且一直被列为德国最活跃的知识产权申报者之一。

弗劳恩霍夫协会参与各种形式的产业合同研究项目,包括合资企业扩大新技术规模的项目。该协会已经成为德国中小企业事实上的研究部门。一项针对德国公司的研究发现,与弗劳恩霍夫协会签订合同能够促进销售额和生产率的增长。企业与弗劳恩霍夫协会"互动"越频繁,这种影响就越显著,尤其是对于采用新技术的企业而言。

2. 丹麦:绿色产业政策

进入 20 世纪 70 年代,丹麦的能源消耗大约 90％依赖于石油。1973 年石油禁运后,丹麦政府宣布了一项改用煤炭和核能的能源利用计划。而在 1986 年切尔诺贝利核电站事故发生后,丹麦政府迫于压力又将能源利用的重点转向风能。根据修订后的能源利用计划,丹麦政府为新兴的风力涡轮机产业提供初步支持,包括建立测试站,提供研究补贴,以及提供高达 30％的资金补助以抵消安装成本。为了扩大需求,丹麦政府终止了资金补贴,转而实施碳排放税,并要求公用事业公司连接涡轮机,以当地电价的 70％—85％的"公平价格"购买风力发电。这种干预措施发挥了作用:丹麦的风能行业在 1994—2002 年经历了快速增长,1997 年丹麦成为能源净出口国。2019 年,丹麦有 47％的能源来自风力发电,丹麦涡轮机公司 Vestas 以及海上风电场开发商 Ørsted 均成为全球业界领袖。

分析人士将丹麦能源转型的成功经验总结如下：首先，有一个稳定的政治联盟支持有利于风力发电的长期战略。其次，在 20 世纪 70 年代，丹麦的企业家就意识到，他们可以将自己的制造技术和专业知识应用于风能，这些专业知识令其领先于外国竞争对手，并在丹麦政府的支持下建立了本土研发基地。再次，丹麦能源部制定了一套高质量的行业标准，确保丹麦公司能够在国际上竞争。最后，也是最重要的一点，丹麦政府通过立法，要求公用事业公司将风力涡轮机连接到国家电网并购买风能，从而刺激了持续的需求。当前，欧盟委员会正寻求在欧盟范围内复制丹麦的成功经验，丹麦的经验为 2019 年 12 月发布的《欧洲绿色协议》提供了依据。

3. 欧洲搜索引擎 Quaero 和 Theseus：挑战谷歌

2005 年 4 月，时任法国总统希拉克和德国总理施罗德宣布推出搜索引擎 Quaero 的计划，目的是与谷歌竞争。由于担心谷歌在欧洲日益增长的主导地位所带来的影响，两位领导人承诺在 5 年内提供 10 亿—20 亿欧元的资金支持该项目。但有关产品性质的争论（德国首选文本搜索，法国首选多媒体搜索）导致德国放弃Quaero，转而使用自己的搜索引擎Theseus。2007年，欧盟委员会最终批准了德国对Theseus的1.2亿欧元援助，2008年又批准了法国对Quaero的9900万欧元援助。但两个项目都未能取代谷歌，在推出几年后就下线了。当时的批评人士抨击这两个项目"含糊不清、没有资金支持"。近期，欧盟又启动了GAIA-X计划，该计划旨在从法德合作伙伴关系开始，建立欧洲云服务提供商。批评人士警告称，由于亚马逊和微软在市场上占据主导地位，GAIA-X计划的结局将与Quaero和Theseus一样。

近几十年来，欧洲严格的竞争规则，以及将贸易壁垒保持在较低水平的共同愿望，使得欧洲大多数明显带有保护主义色彩的产业政策工具无法发挥作用。但正如以上3个案例所透露出的，欧洲各国试图使用其他工具，包括研发补贴、监管工具和商业合作联盟来刺激目标产业的发展。

针对欧洲国家的产业政策，报告总结了以下几点：

• 在政府努力下建立紧密的公私合作关系。德国弗劳恩霍夫协会启动的一些项目将官方、私营部门和学术部门紧密联系在一起，从而成立了创新集群，这些集群对中小企业的帮助较大。

• 成功的产业战略利用了现有的制造技术。与"自上而下"的政策相比，基于现有制造技术基础的"自下而上"的政策，更成功地创造了一个挑战现有企业统治地位的挑战者。欧洲国家往往支持"自下而上"的创新，通过补贴促进研究，以国家目标聚焦产业方向。

• 需要采取更积极的措施产生需求。政府需要进行干预，以激发对新兴市场的需求，如强制性的用电指标对纠正不利的外部性是有效的。

• 稳定的政治支持对产业政策的成功至关重要。政治方面的不确定性使私营部门的决策复杂化，特别是当这些决策与政府政策挂钩时。公众的认同有助于维持实现长期目标的政治共识，比如丹麦能源消费向风能的过渡。

• 虽未实施类似日本采取的保护措施，但仍青睐欧洲内部的企业。虽然欧洲国家普遍避免了大规模的关税壁垒，但产业政策和监管措施仍有利于本国或欧洲的公司，通常通过政府采购实现，而这些规则构成了事实上的

贸易壁垒。在某些情况下,外国公司虽然可以参与政府
支持的项目,但明显处于劣势。

四、美国:以其他名称命名的产业政策

报告研究了两个有影响力的模式:美国国防部高级
研究计划局(DARPA)和 Sematech 联盟。这两个案例都
为当前的政策制定者如何增强美国的创新优势提供了有
益的启示。

1. DARPA:促进两用技术的创新

1957 年,苏联成功地将第一颗人造卫星送入轨道。
作为回应,时任美国总统艾森豪威尔于 1958 年创建了高
级研究计划局,以统一国防相关的研发,确保美国避免另
一个"斯普特尼克时刻"(Sputnik Moment,面临重大挑战
的卫星时刻)。该机构专注于变革性创新,而非渐进式创
新,其使命是"预防和创造技术惊喜"。为了实现其雄心

勃勃的目标,美国国防部高级研究计划局(DARPA)对具有军事和商业潜力的基础研究和通用技术进行投资,并与学术界和产业界开展合作,以确定新兴技术的趋势。

之后,DARPA越来越专注于军民两用技术的基础研究,包括人工智能和微电子技术。DARPA资助的研发项目不仅在军事技术方面取得了突破,而且在基础商业产品方面取得了突破,比如互联网、全球定位系统(GPS)和自动语音识别。2019年,DARPA有员工220人,其中包括近100名项目经理,监督约250个研发项目,预算为34亿美元。

分析人士将DARPA的成功归因于其独特的组织结构,这种结构灵活、扁平,与产业界和学术界紧密结合,并鼓励高风险、以任务为导向的研究项目。

- 灵活性和独立性:DARPA在资金转移方面具有非同寻常的灵活性,能够在不需要正式监督委员会批准的情况下将资金从一个项目转移到另一个项目。DARPA还在典型的公务员招聘制度之外采用了一种快速招聘流程。从而有助于保持组织的灵活性和对创新生态系统变化的实时响应,不需要复杂的审批程序。DARPA还经常从其他机构接收临时人员,增强机构间的合作。

- 扁平的等级制度和临时任期:DARPA 扁平的等级制度加强了其保持技术前沿的能力。项目经理被赋予巨大的资源和自主权,可以自行决定是否启动项目,并且不必遵守同行评审小组的建议。项目经理的任期为 3—5 年,这增加了项目的紧迫性,并通过引入新思维和新想法实现自我改造。

- 产业界和学术界的合作:DARPA 利用与领先技术公司和学术实验室的密切联系,弥补全职员工的不足。通过这些网络,DARPA 确定了新的技术趋势。较短的人员更替周期也有助于在政府、企业和学术界之间建立一个动态的创新网络。

- 高风险承受能力:DARPA 致力于变革型创新。为了达到这一目标,项目经理对提案进行严格的审查,并拒绝那些被认为没有足够的技术回报的项目。因此,如果潜在的技术回报足够高,DARPA 对失败是非常宽容的。

- 获得国防采购的途径:DARPA 的研究项目在国防部庞大的采购预算下能够快速推进,为新兴技术或实验性研究应用创造了市场，从而带来更广泛的商业化。

2. SEMATECH：应对日本的挑战

20 世纪 80 年代，在日本政府的支持下，美国半导体行业面临来自日本公司的激烈竞争。美国在全球半导体生产中所占市场份额从 1972 年的约 60％降至 80 年代末期的约 40％。作为回应，美国政府和半导体生产商推出了几项振兴该行业的计划。最著名的当属美国半导体制造技术研发联盟（SEMATECH）的成立，该联盟成立于 1987 年，共召集了 14 个美国企业成员，以及领先的大学和国家实验室，旨在振兴美国的半导体产业。

依靠 SEMATECH，美国半导体制造商提高了生产率，实现了技术目标。到 1994 年，美国公司占据了全球半导体设备 48％的市场份额，而日本公司的市场份额降至 36％。此后，美国的政策制定者将 SEMATECH 作为公私联盟的成功模式加以推广，包括"国家先进运输电池制造联盟"以及美国能源部提出的旨在降低太阳能成本的"SunShot 倡议"。

美国国家科学院(NAS)于 2003 年发表的《确保未来发展》报告将 SEMATECH 的成功归结于以下几个方面:

- 私营部门的承诺和领导能力:由行业领袖发起的 SEMATECH 研发联盟,使该联盟的研究议程更加合理化。该联盟与行业保持着紧密的联系,拥有严格的内部评估制度,并要求成员公司指派高质量的工程师与 SEMATECH 合作。

- 技术路线图:从 1992 年开始,SEMATECH 发起了技术路线图推演,以帮助行业识别并应对共同挑战。技术路线图有助于 SEMATECH 成员更有效地利用庞大的行业研发能力。

- 研究成果的明确应用:SEMATECH 在技术转让和实施方面取得了成功,这在很大程度上是因为其运营人员有一半是由成员公司的专利申请人组成。这些专利申请人在公司和行业内备受尊崇,他们回到公司后就主张采用 sematech 已经开发和验证的技术。

- 与供应商和学术界的关系:SEMATECH 通过增加研究合同、联合制定技术路线图和技术援助等方式帮助芯片设计者改善与供应商的关系。美国联邦政府的参与也加强了产业与国家实验室的联系。例如,SEMATECH 与 Sandia 国家实验室合作,启动了多项研发合作协议。

- 制定行业标准:在 SEMATECH 之前,由于缺乏针对设备制造商的通用标准,导致了高成本和低效率。SEMATECH 帮助建立了行业范围内可执行的标准,包括计算机集成制造框架,该框架定义了能够在来自多个供应商的组件之间实现应用互操作性的特定服务。

报告针对美国的产业政策得出了一些结论:

- 政府采购可以为早期技术创造市场。包括 DARPA 在内的许多美国创新项目都依赖于政府,在没有商业市场的情况下,政府可以作为一个"大客户"刺激早期技术开发。特别是国防采购项目,能够鼓励专门技术的开发和生产,这些技术后来逐渐实现商业化。

- 在适当的情况下,公私研发联盟提高了竞争力。SEMATECH 的建立推动了美国半导体技术的发展。然而,这种伙伴关系不是"万能药",应适时加以调整,以适应当前的挑战。

- 成功的联邦项目依赖于高质量的人才。DARPA 和 SEMATECH 都拥有极高素质的员工,他们紧跟快速发展的技术变革。未来的技术项目如果没能吸引和留住顶尖技术人才的资源,就不太可能实现其使命。

- 灵活的管理方式以及与产业界的密切合作。DARPA 通过快速的人员周转周期以及与顶尖研究机构的长期合作关系,保持了对行业的深刻理解。SEMATECH 的成功在很大程度上是因为有领先的半导体专家参与。

- 公私合作将创新生态系统中的利益相关方联系在一起。这些项目为不同的、复杂的参与者的合作提供了一个组织环境,促进了知识的转移。这些合作伙伴建立的长期联系,会在很长时间内持续产生社会效益。重要的是,这些联系还建立了一个客户基础,帮助其吸收并使用由联邦政府资助的新技术。

- 对风险和失败的容忍提高了补贴的成效。DARPA 的支持为那些无法获得足够私人资金的、高风险的、未进入竞争阶段的技术提供了资金。

- 产业联盟偶尔会因"偏袒"受到批评。虽然SEMATECH 获得了法律上的反垄断豁免，但它也因偏袒大型企业而受到批评。

五、振兴美国创新战略的原则

根据以往欧洲、日本和美国的经验教训，报告提出了重振美国创新战略的一些核心原则。

1. 明确任务

创新战略应该从明确的总体目标开始。这意味着必须获得联邦政府的长期支持，并有助于调动私人投资，同时使所有利益相关方朝着同一方向努力（与SEMATECH 一样）。在项目层面上，明确的目标使官员能够推进项目实施、确保问责制，而在实现目标方面则应保持灵活性。

2. 投资于创新能力的基础

有针对性的联邦政府的干预措施应通过对创新能力基础的投资来实现,例如:基础设施投资;支持基础研究;提供高质量、包容性成果的中小学教育;吸引高技能移民。

3. 支持关键技术类别

政策制定者可以利用有针对性的联邦政府支持措施来解决市场失灵问题,包括:解决非专属公共研究中的投资不足的问题;解决需要长时间才能够实现的关键战略产品研发的资金不足问题;加快具有较大先发优势的技术类别的发展;消除外国竞争者采取的扭曲贸易措施的负面影响;克服学术研究和商业应用之间的"死亡之谷";政府干预措施也适用于支持主要出于国家安全利益而非商业原因的技术研发。

4.承担风险,容忍失败

失败是风险不可避免的副产品,必须被视为科学过程的一部分。计划和项目可能会因为竞争环境的变化、管理问题或资金不足而失败。当失败发生时,政策制定者应该坦白地承认,并从中吸取教训,以便完善相关政策,甚至终止项目的实施。政策制定者需要有长远的眼光,最初看似失败的努力最终或许能够获得可观的回报。项目经理必须有能力和空间酌情放弃项目并重新分配资源。

5.保持项目的灵活性

政府的直接干预措施需要有明确的目标,有可衡量的中间成果和定期评估。同时,项目设计应考虑灵活性。

6.利用公私合作关系为联邦政府资助的研究项目确定技术路线图、生产能力和市场

公私伙伴关系将私营部门灵敏的市场信息与政府的

战略观点相结合,以便建立共同的优先事项或目标。成功的合作伙伴关系鼓励产业界通过共同融资取得所有权,并贡献出可以共享技术知识的高级别、高素质的研究人员。事实证明,公私伙伴关系在协调应用研究和支持生产能力方面也取得了成功。

7.利用政府采购为早期技术创造市场需求

除了研发支出和供应方面的激励措施外,还可以利用政府采购刺激市场需求。通过充当消费者的角色,政府可以利用市场激励措施加速技术的发展。在向商业可行性模式过渡的过程中,采购项目应该建立标准,以减少对政府支持的依赖。

8.制定标准和缩短监管周期以减少不确定性

通过标准制定的公私合作,能够协调复杂供应链中的技术标准,促进创新。同样,监管机构可以通过加快监管审批流程以及制定出台的国家指引来减少不确定性,支持早期技术的部署和商业化。

9. 最大限度地提高资金透明度, 最大限度地降低政治影响和寻租风险

当企业出于政治原因而非竞争能力获得政府支持时, 极有可能出现寻租行为以及受政治影响。因此, 应鼓励公众监督和建立问责机制, 以减少滥用纳税人资金的风险。重大项目应指定监察长监督资金分配不当和违反道德规范的情况。

10. 遵守和执行国际规则

任何产业政策都应遵守已商定的国际规则, 如世贸组织的《补贴与反补贴措施协定》或《政府采购协定》。违反相关国际规则的产业政策将导致不公平交易行为, 并将孤立于盟友和合作伙伴。创新战略不应成为限制国际贸易或投资的借口, 但美国应当采取适当的贸易行动, 惩罚违反承诺的国家。

六、未来之路

政策制定者在讨论制定创新战略时，有 5 个领域可以作为最初的努力方向：

- 增加科学、技术、工程和数学（STEM）教育成果和包容性。尽管有针对性的政策可以实现短期突破，但对美国创新基地的长期投资将确保美国在科技领域一直处于领先地位。这就需要改善教育成果，首先要使 STEM 教育更具包容性。

- 增加联邦政府资助的研发项目以及将研发转向市场的项目。政策制定者应该扭转数十年来对国家基础设施和联邦资助研发投资不足的现状。与此同时，应当增加激励措施，帮助将联邦政府资助的研发技术推向市场，比如国家实验室的产业合同项目。

- 吸引外国人才。政策制定者应重申美国是外国人才的首选目的地，增加以就业为基础的高技能移民签证,并为在外国出生的 STEM 博士学位获得者提供获得公民身份的途径。

• 利用政府采购为早期技术创造市场需求。地方、州和联邦政府可以通过政府采购加速早期到中期技术的商业化和国内生产,例如升级电动汽车和采用人工智能应用程序来管理大型政府数据集。

• 为提高政策制定者的知识素养提供制度支持。国会应考虑重新授权技术评估办公室(OTA),为其成员及其工作人员提供关于新兴技术发展趋势的简报。OTA 将评估新兴技术的全球市场份额,以及其将如何影响美国的竞争力和国家安全。这样的评估将为创新战略的制定提供信息和指导。

美国对中国军民融合战略的理解存在4个误区^①

摘要:美国智库新美国安全中心发布报告，从中国军民融合的历史、中国的潜在优势、中国法律规定的义务、中美技术合作4个方面分析指出,美国对中国军民融合战略的理解存在4个误区。

---

① https://www.cnas.org/publications/reports/myths-and-realities-of-chinas-military-civil-fusion-strategy。为了便于阅读和深度思考,本文在翻译过程中尽量保留原文的说法。本文观点不代表本书观点,译文仅供参考。

2021 年 1 月 28 日,美国智库新美国安全中心(CNAS)发布《中国军民融合战略的神话与现实》报告指出,虽然中国军民融合战略已经成为美国关注的焦点,但美国政界对其仍然缺乏了解。该报告从中国军民融合的历史、中国的潜在优势、中国法律规定的义务、中美技术合作 4 个方面分析指出,美国理解中国军民融合发展战略存在 4 个误区。

误区一:认为追求军民融合是中国本届政府的新举措。

实际上,中国军民融合历史悠久,至少从 20 世纪 80 年代初开始,中国就一直在以某种形式追求军民融合。中国目前军民融合战略的前身可以追溯到几十年前,当时邓小平同志尝试在经济发展和军事现代化之间寻求协同作用。中国军民融合战略背后的历史不仅说明军民融合一直是中国领导人的一贯目标,而且即使在中央控制力强的经济体中,实现这一目标所需的结构性变革也可能是缓慢的。

误区二:认为中国因军民融合战略获得了相对美国的明显国防优势。

实际上,中国军民融合战略仍处于早期阶段,其成功性难以评估。在中国的官方评论中,军民融合总体进展仅在最近才进入"从初始融合到深度融合的过渡阶段",而在此过程中仍然面临一系列障碍,在地方执行、投资基金管理等方面尚存在问题,其成功性难以评估。

误区三:认为中国政府使用法律强制企业加入军民融合战略。

例如,美国前国务卿迈克·蓬佩奥(Mike Pompeo)在2020年1月发表讲话时称:"根据中国法律,中国的企业和研究人员必须在法律强制下与中国军方共享技术。"但实际上,中国目前并不存在这种法律义务或宪法要求。而且中国专家经常指出,军民融合战略缺乏足够的法律地位是阻碍其实施的关键。尽管没有针对军民融合的具体法律,但许多评论人员认为,其他法律也迫使企业参与军民融合战略,包括《国家安全法》《网络安全法》和《国家情报法》。有关此类政策的基本法律指导可追溯到1997年的《国防法》。假设这些法律足以迫使企业参加军民融合战略,但中国过去在军民融合方面的记录表明,这些法律义务,加上国家的强制力,在鼓励军事和民用合作方面效果并不显著。

误区四:认为所有中国企业均积极参与军民融合战略,所有中美研究合作均会直接或间接支持其军方。

实际上,虽然越来越多的中国大学和企业正在以某种身份积极参与军民融合战略,但是大多数中国企业并没有深度参与,而且许多积极与军方接触的机构相对容易确定,至少暂时而言,通常是企业公开宣传其参与其中。证据表明,参与军民融合战略的私营企业在中国科技工业中占比仍然相对有限。根据 2016 年的数据,只有约 1000 家私营企业持有武器和设备研究与生产证书,因为从事与先进武器系统相关的研发或生产需要这一证书。中国专家估计,截至 2019 年,中国只有 2% 的民营高科技企业参与了国防工作,且参与的主要是辅助工作。

报告指出,随着中国军民融合战略的不断发展,以前没有参与的企业可能会受到激励而积极参与,建议美国进行风险评估。例如,根据报道,百度与中国电子科技集团(CETC)的联合实验室参与了在指令和控制中使用人工智能的合作;阿里云显然已经支持旨在促进军民融合计划的数据中心。这些努力仍处于起步阶段,其实际影响暂时难以评估。但是,完全参与军民融合的许可要求对于许多中国领先的科技公司来说都是禁止的。例如,拥有外国投资者的企业目前被取消获得参加军民融合所需许可证的资格。尽管中国官员可能会为特别有价值的企业提供例外,但他们似乎不愿与具有海外关系的企业合作。中国分析人士认为,成为一家"纯内资企业"对于打算竞争敏感的国家安全合同的企业而言是重要的先决条件。相比之下,美国领先的科技企业在与国防部紧密合作方面更加开放和积极。例如,亚马逊和微软在国防部提供云计算的 JEDI 合同上展开了激烈竞争;Google从 Maven 项目撤出后,仍在继续寻求与五角大楼合作其他项目的机会。

报告最后指出,随着美中军事对抗和技术竞争的不断加剧,对中国政策和战略的深刻理解对于美国的决策至关重要。如果不能理解中国军民融合战略背后的历史,可能会导致对其实现过程中仍然存在的结构性障碍的过度反应或忽视。同样,认为军民融合战略将给中国带来独特优势的想法,也会让人们忽视美国体系的优势,而美国也呼吁采取类似的由国家主导的方法。如果美国试图效仿中国政策中实际效果有限的部分,那么这些努力可能会适得其反。将军民融合战略视为法律强制的结果,可能会分散人们对中国实际上是通过何种激励和机制来扩大其利用商业技术能力的理解。认为中国的军事和民用部门没有界限的想法可能会产生误导,如果这种假设强化了"脱钩的极大化解决方案是必要的"假设。例如,禁止所有中国学生赴美留学的提议,或寻求一种更加不加区别的方法来"脱钩"美中两国经济和技术生态系统的主张,有时会援引中国军民融合战略作为理由,从长远来看,这将严重损害美国的竞争力、形象和吸引力。

报告建议,美国分析人员和官员在讨论和设计应对与中国军民融合战略有关的威胁活动的政策时,必须尽可能地精确和准确。特别是信息的清晰性对于建立信誉、作为与盟友和伙伴继续协调的基础至关重要。在美国政府必须重建其全球信誉的时刻,对中国的信息和评估必须准确,以促进美国的利益并促进联合决策行动。

美国国会"中国工作组"
关于供应链的政策建议[①]

摘要:2020 年 5 月 7 日,美国众议院共和党议员宣布成立"中国工作组",这一被美国媒体称为"国会共和党议员在中国问题方面的主要智囊"的组织,其焦点是审视中国在美国各领域的影响、中国企图在国际组织中取代美国的努

---

① China Task Force Report, septermber, 2020. chairman Michael McCaul, U. S. House of Representatives,One Hundred and sixteenth Congress。为了便于阅读和深度思考,本文在翻译过程中尽量保留原文的说法。本文观点不代表本书观点,译文仅供参考。本文发表于 2002 年 9 月,目前文中提到的很多建议都变成了事实,正在执行。希望通过本书能给相关决策部门提供一种思考的新视角。

力、美国供应链过度依赖中国的风险，以及调查
中国在新冠肺炎疫情暴发初期所扮演的角色。
2020年9月，该工作组发布了首份报告。本文
关注的是该报告"第二部分：供应链"的相关内
容。报告从5个领域就美国供应链对中国的依
赖情况进行了分析，并就如何"摆脱"对中国的
依赖给出建议。

一、概　述

报告称，中国的主要工业举措之一是成为特定新兴
技术领域的全球领导者，包括机器人、交通运输、生物制
药、新材料以及其他对国防至关重要的行业。中国旨在
通过引领新兴技术和减少对外国公司的依赖，提升其在
全球供应链中的地位。这使得美国的制造业和国防工业
基础更加脆弱。因此，美国应当重视工业基础，以减少对
中国的依赖。

　　报告指出,美国落后的一个领域是先进的半导体制造业,半导体可以使无数技术得以实现,并推动创新。尽管在半导体的专利和设计领域,美国仍是全球领导者,但大部分芯片都不是美国制造的,全球近90%的半导体在美国以外的国家(地区)生产。同时,中国花费数千亿美元,以确立自己在半导体供应链所有领域(包括芯片生产)中的全球领导者地位。具体而言,"中国制造2025"提出,到2020年40%的半导体生产要集中在中国,到2025年这一比重进一步提升至70%。而这一水平的主导地位可能会令廉价的中国芯片充斥全球半导体市场,并提高中国控制组件的生产能力。

　　同时,中国还控制着全球大部分关键和战略性矿产的供应,这些矿产对许多要素至关重要,并成为美国国防工业和经济发展的基础。而随着新技术的发展,全球对这些矿产的需求也将继续增长。除非采取关键步骤将生产和采购从中国转移出去,否则美国及其盟友将处于日趋不利的地位。报告强调,美国对这些矿产的依赖以及美国国内供应的匮乏,加剧了供应中断的风险。简而言之,缺乏应对这一挑战的行动,将使美国越来越陷入战略困境。

　　在"供应链"一章中,报告列举了美国国会试图摆脱对中国供应链依赖而正在做出的努力。包括:(1)通过《2021财年国防授权法案》,美国国会正在采取一系列行动,旨在减少美国依赖中国芯片和关键矿产品供应链所带来的负面后果。《2021财年国防授权法案》包括两党合作的《为美国生产半导体(芯片)创造有利激励措施法案》(H.R.6395),以促进先进半导体的制造和研发。总体而言,美国制造业的复兴,需要美国国内企业开发和生产领先的先进材料、先进的半导体和自动化系统,从而提供必要的工具,以更具战略优势的方式开发新的武器系统和消费产品。《2021财年国防授权法案》还包括通过优先考虑可靠的来源,减少对某些中国原材料的使用,从而减少美国对中国矿产依赖的相关条款。这些是确保美国关键的敏感和战略材料供应,并减少对中国依赖的重要步骤。(2)美国国会通过了两党支持的《冠状病毒援助、救济和经济安全法案》,该法案将推进美国的生物医学研发和生产关键医疗用品。美国政府正在努力确保美国民众更好地获得个人防护装备和其他重要医疗用品,同时通过授予美国国际开发金融公司(DFC)国防生产法案(DPA)的权力,减少美国对中国产品和供应链的依赖。使 DFC 能够加快生产必要的医疗用品,并与药品生产企业签订合同。这一点尤为重要,因为在美国上市的药品中,中国生产的原料药占很大一部分。

报告指出,虽然美国国会和政府已经采取了多项举措,但仍需要政府和私营部门继续采取措施,加强美国供应链,以维持美国民众的健康、福祉和繁荣。这种协作对于保障美国国家供应、重建美国工业以及与盟友合作创建安全的供应链网络至关重要。

二、从 5 个领域分析美国对中国供应链的依赖及相关建议

1. 美国的国防工业基础

主要发现:中国对被视为美国国家安全至关重要的材料和技术的供应构成了重大且不断增加的风险,而美

国对中国的依赖已经威胁到美国的国防工业基础,因此必须加以解决。

建议:(1)美国国会应当通过 H. R. 6395 法案,即《2021 财年国防授权法案》中第 845 条,该条款要求国防部为国防工业基础制定国家安全战略,以评估国家技术和工业基础的差距和脆弱性。

(2)美国国会应当通过 H. R. 6395 法案,即《2021 财年国防授权法案》中第 1254 条,该条款要求扩大对在美国运营的中国的军工企业公开报告的要求,包括被确定为军方直接或间接拥有、控制的或受益的实体清单,或为中国国防工业基础提供军民融合贡献者的实体清单。

(3)美国国会应当通过 H. R. 6395 法案,即《2021 财年国防授权法案》中第 1255 条,该条款指示一个联邦资助的研究和发展中心,对中国的国防工业进行研究。

(4)美国国会应鼓励那些组成军事工业基础的企业,作为与国防部签订合同条款的一部分,要求其参与威胁情报共享计划。

(5)美国国会应支持国防部的网络安全成熟模型认证计划,以寻找和识别军事工业基础企业信息系统中的网络安全威胁和漏洞。

(6)美国国会应考虑立法提案,有效切断对中国军事工业基础企业的物质支持。例如 H. R. 7064 法案,即《停止资助中国人民解放军法案》,该法案要求美国企业从某些与中国军方有关联的企业撤资。美国国会应确保对中国军事工业基础企业的融资限制作出有针对性的、有效的管理,并实现明确的国家安全目标。同时,应当允许美国国务院和美国财政部的校准行动,包括与美国盟友的合作关系,以此作为抵制中国军事战略的一部分。

2. 敏感和战略性材料

主要发现:中国正在寻求控制全球敏感和战略性材料,而美国的国家安全、经济增长和能源独立性正是依赖于这些材料。美国必须确保敏感材料和战略性材料至关重要的供应,以减少对中国的依赖。

报告称,中国主导着世界上最关键的敏感和战略性矿产品的生产,从而增加了这些材料价格的飙升和供应链中断给美国经济带来的风险。2018 年,美国国防部发布一份报告,认为中国正在"对美国国家安全具有战略意义和关键意义的材料和技术供应构成重大且日益增加的风险"。美国制造业和国防工业基础关注的领域包括特殊金属、合金和其他材料(包括稀土)。

稀土是美国维护国家安全的许多主要武器系统的关键元素,包括激光、雷达、声纳、夜视系统、导弹制导、喷气发动机和装甲车用合金。中国也是美国部分用于军品和导弹的一些特殊化学品的唯一供应商。

此外,报告强调,中国对美国国内私营企业的控制给外国客户带来了许多潜在的风险。例如,中国向日本提供的稀土占日本稀土进口总量的58%。此前,中国曾经限制对日本的稀土出口。而美国对于中国关键矿产品的依赖,也给美国经济和国家安全带来了重大风险。随着新技术的采用,全球对关键矿产品和稀土的需求将继续增长。因此应当采取措施,增加美国对敏感和战略性材料的安全和可靠供应。

建议:(1)美国国会应当通过 H. R. 6395 法案,即《2021 财年国防授权法案》中第 824 条,该条款将要求优先从国家技术和工业基础(如《美国法典》第 10 编第 2500 条所定义)采购关键材料,包括稀土。该法案还要求美国国防部和国务院发布指导方针,在2035财政年度之前消除美国对中国稀土的依赖。

(2)美国国会应当通过H.R.6395法案,即《2021财年国防授权法案》中第823条,该条款将扩大对从中国获取某些敏感材料的禁令范围。

(3)美国国会应当通过H.R.6395法案,即《2021财年国防授权法案》中第826条,该条款将规定印刷电路板可以在哪里制造和组装。

(4)美国国会应当通过H.R.6395法案,即《2021财年国防授权法案》中第835条,该条款将扩大对政府采购或使用的受中国影响或控制的外国实体生产的商用无人驾驶飞机或控制系统的禁令范围。

(5)美国国会应当通过H.R.6395法案,即《2021财年国防授权法案》中第829条,该条款认为美国铝制品的生产能力对国家安全至关重要,并将铝指定为一种特殊金属。美国国会应当通过第830条,该条款要求美国国防部长报告如何利用1950年《国防生产法案》来提供激励措施,以提高铝制品的生产能力。

(6)美国国会和政府必须消除对国内采矿业的监管障碍,部分原因是为了确保关键矿产品和稀土元素在国内的充足供应,以满足多种用途,包括可再生能源基础设施、电动汽车和电信设备。

(7)美国国会应当通过 H. R. 7061 法案,即《美国关键矿产品勘探与创新法案》,该法案将彻底改革联邦政府批准矿产品开发的程序,并优先发展矿物精炼业;支持研发新的采矿和测绘技术,以推进关键矿产品的开发;同时,将精简审批流程并支持能够确保关键矿产品和稀土元素国内供应的相关创新活动,避免美国对中国的依赖。

(8)美国国会应当通过 H. R. 8198 法案,即《2020 年美国通过美国资源和许可改革法案》,该法案作为符合 FAST 41 许可的涵盖项目,包括以下项目:关键矿产品,稀土元素,微细碳或煤中的碳,煤炭废料,煤炭加工废料,燃烧前或燃烧后的煤炭副产品,煤矿酸性废水的提取、回收或加工,以确保美国的经济和国家安全。

(9)美国政府应优先考虑加强与盟友在矿产和能源领域合作的倡议,包括美国国务院的能源资源治理倡议,特别侧重于矿业部门管理、加强私人投资和确保供应链安全。这些倡议应当涵盖西半球的盟友,包括加拿大、秘鲁、智利和巴西。

3.半导体

主要发现:中国是全球半导体最大的消费市场,并且中国对其国内半导体产业的未来发展制定了雄心勃勃的目标。美国应该鼓励值得信赖的供应商与值得信赖的盟友和合作伙伴在美国投资新的先进半导体制造。

报告称,半导体为现代技术提供动力并推动数字化发展。它们使智能手机、电脑、汽车和工业设备等多种产品成为可能,同时也使人工智能、量子计算和5G等新兴技术成为可能。尽管美国是全球半导体专利和设计的领导者,但近90%的半导体是在美国以外的地区生产的。根据中国的"中国制造2025"战略,中国的目标是,到2020年生产其半导体使用量的40%,到2025年达到70%。与此同时,中国正在斥资数千亿美元,控制半导体供应链的所有环节,包括芯片制造。除非美国采取更大胆的行动,否则美国可能永远失去制造半导体芯片并出口到中国的能力。美国政府需要通过提供资金、投资税收抵免,并支持整个半导体供应链(从研发到制造),以创造数千个高薪就业岗位,并维护美国的国家安全。

建议：(1)美国国会应当通过 H.R.7178 法案，即《美国芯片法案》(*Chip for America Act*)，这是一项两党决议，规定了某些先进半导体制造激励措施，包括众议院和参议院通过的《2021 财年国防授权法案》中的相关章节。例如，该法案包括美国商务部出台资助计划，以鼓励对国内先进半导体晶圆厂的投资，以及加强和协调联邦政府对先进半导体研发的支持。此外，国会应该支持涉及美国工业基础的半导体技术研究，并为开发和采用安全的半导体和安全的半导体供应链提供资金。

(2)美国国会应当出台并通过税收激励措施，以鼓励国内生产更多先进的半导体产品。

(3)美国政府和国会应当寻求半导体和电子元件组装领域的大量直接和间接投资，以满足国防和关键基础设施系统的需求。这对于削弱中国对美国的网络入侵以及在制造过程中防止恶意组件的入侵至关重要。

4. 供应链外交

主要发现：中国政府的巨额补贴和掠夺性产业政策破坏了关键的供应链，在一定程度上使美国和其他国家的关键产业空洞化。截至目前,美国的反应过于缓慢和被动:美国并没有出台针对特定威胁的供应链战略,也没有扩大与盟友、志同道合的国家和私营部门的伙伴关系,从而将关键的供应链转移到更安全的地点,同时最大化美国生产这些产品的能力和竞争力。

美国的盟友和其他贸易伙伴与美国有许多共同的担忧,即在关键产品供应链方面过度依赖中国。美国应当与这些伙伴充分合作,最终实现在中国以外为关键产品建立有弹性的供应链。鉴于美国在中国出口中所占份额正在呈现下滑态势,因此当美国与志同道合的国家(也是中国的主要出口市场)密切合作时,美国的杠杆率就会提高。毫无疑问,这种建立关键供应链的伙伴关系符合美国的利益,因为它们保持了以出口为导向的美国工业的竞争力。

建议:(1)美国政府应当出台应对特定威胁的供应链战略,并扩大与盟友、志同道合的国家和私营部门的伙伴关系,从而将供应链转移到负担得起且更安全的地点。美国商务部应根据总统的指示,通过国家电信和信息管理局等机构,执行第13873号行政命令,确保信息和通信技术以及服务供应链的安全。

(2)美国国会和政府在与盟友和其他值得信赖的贸易伙伴进行双边和多边经贸协定谈判时,应当将确保符合国家安全和卫生需求的最具战略意义产品的供应链作为首要任务,可以采取以下行动:

- 优先考虑现有论坛,如七国集团和亚太经合组织论坛等。

- 使用当前美国已签订的 20 项自由贸易协定中的咨询机制,与合作伙伴共同解决供应链安全问题。

- 在当前正在进行的贸易谈判和未来的贸易谈判中,包括正在与英国和肯尼亚进行的自由贸易协定谈判中,优先探讨供应链安全问题。

- 确定优先级最高的产品,以确保供应链安全,以及加强与盟友的合作。其中包括,为完成 2020 年 4 月和 8 月美国众议院筹款委员会和财政委员会领导人提出的要求,美国国际贸易委员会(ITC)就抗击新冠肺炎疫情所需要的相关产品的供应链和竞争条件进行了分析。

- 优先建立强有力的政府和私营部门合作机制,在与盟友和可信任的贸易伙伴的所有对话中确保关键产品供应链的安全。

- 努力形成美国的统一立场,与其他对中国关键产品供应链构成威胁持相同看法的世贸组织成员合作,达成诸边协议以确保关键产品供应链的安全。

5. 卫生、医疗供应和药品安全

主要发现:中国正在积极开发、生产和控制最重要的医疗和医药产品,使美国民众的健康以及美国的经济发展更易受到中国的影响。此外,美国某些医疗和医药产品的供应链过于依赖中国,从而损害了美国的医疗和民族独立性。为了削弱中国在医疗供应链中的主导地位,美国必须制定基于市场的激励措施,以增强美国国内的制造能力以及与可信赖盟友的合作。此外,中国使用了一系列政策工具,用来激励或授权对医疗和制药行业施加更大的影响力。允许将关键医疗产品的供应链集中在中国,这比从原本可以负担得起、更安全的合作伙伴那里采购或鼓励国内生产要危险得多。通过完善税收优惠政策将这些关键供应链重新转移回美国,将有助于美国在这一市场上与中国竞争。

报告指出,在新冠肺炎疫情蔓延期间,美国的药品供应链过度依赖某些国家,特别是中国。包括美国军方在内的美国消费者依赖于的中国采购的药物或活性成分,从而给美国经济和国家安全造成威胁。通过《新冠病毒援助、救济和经济案例法》(*Coronavirus Aid，Relief，and Economic Security Act*，简称 CARES 法案),国会已经采取措施进一步推进生物医学研究,并在美国促进必要的医疗用品的开发和生产。报告称,美国政府和国会必须继续共同努力,加强美国的供应链,并使美国的供应链多样化,以维护美国民众的健康、福祉和繁荣。

报告称,美国政府已采取措施,增加美国医疗用品的产量。一个关键的例子是,根据《国防生产法案》的授权,确保美国产呼吸机的产量,并与生产成品药以及原料药的企业签订合同,包括应对新冠肺炎疫情所需的原料药。此外,美国卫生与公众服务部(HHS)于 2020 年 5 月宣布与工业界建立伙伴关系,以扩大在美国生产用于应对新冠肺炎疫情和未来突发公共卫生事件所需的原料药和成品药。这些行动将有助于减轻和预防美国的药品短缺状况。同时,美国必须解决过度依赖不可靠国家(如中国)的药物问题。根据美国食品和药物管理局(FDA)的数据,近年来,许多原料药的生产已经从美国转移到国外,中国 13％的原料药生产面向美国。FDA 药物评估和研究中心(CDER)主任珍妮特·伍德科克(Janet Woodcock)在 2019 年给众议院能源和商业委员会的证词中说:"这些限制意味着,我们无法确定中国实际生产的原料药的数量,或通过掺入成品药直接或间接进入美国市场的中国生产的原料药的数量。"

建议:(1)美国国会应当通过 H. R. 6395 法案,即《2021 财年国防授权法案》中第 712 条,该条款要求在下一个《国家安全战略》中包括药品、生物制剂、疫苗和关键医疗设备的提供。该条款还要求就中国等国家导致的美国医疗供应链的脆弱性进行研究。

(2)美国国会应当通过 H. R. 6395 法案,即《2021 财年国防授权法案》中第 1808(f)条,该条款反映了 H. R. 6399 号决议文本,即《紧急情况下确保美国疫苗安全(SAVE)法案》。该法案将要求总统制定一项使用《国防生产法案》的国家战略,以确保国防必需的医疗用品的供应。

(3)美国国会应当通过 H. R. 6395 法案,即《2021

财年国防授权法案》中第 750L 条,该条款将要求国防部与其他相关联邦机构协商,进行有针对性的研究,并向国会提交有关国防部的联合发展纲领的机密报告(JDF),其中将包括应急行动所需药品的核心清单,确定可能限制国防部采购必要物品的障碍,并确定可以帮助制造这些物品的国际军事合作伙伴。报告称,美国对药品、生物制剂和医疗设备进行跟踪是至关重要的,以确保商业操作透明,并在必要和适当的情况下符合FDA 的规定。

(4)美国政府应当迅速实现《CARES 法案》第 3112 条,该条款要求药品制造商报告药物和原料药的数量,以及掌握美国从国外获得的药品数量等基本情况。另外,美国国家科学、工程和医学科学院(National Academies of Sciences,Engineering,and Medicine,NASEM)应迅速采取行动,根据《CARES 法案》第 3112 条的要求进行研究。该项研究要求 NASEM 发布一份有关美国医疗产品供应链安全的报告,包括如何改善供应链的弹性以及解决脆弱性问题。

(5)美国国会应当通过 H. R. 6670 法案,即《美国药物处方独立法案》,该法案将要求 NASEM 建立药品供应链专家委员会,分析美国关键药品依赖外国生产的影响,并提出减少依赖外国生产的对策,并确保供应链多元化。

(6)美国国会应当通过立法,要求 NASEM 开展研究,包括美国制药业转移到海外的原因,哪些产品(如原料药)曾在美国生产或没有在美国生产,以及需要改变哪些市场激励机制来增强美国国内药品生产的能力。

(7)美国国会应当通过 H. R. 4866 法案,即《国家持续药物制造卓越中心法案》,该法案要求 FDA 指导国家持续制药业卓越中心与业界的合作,制定实施持续制药业的国家框架。美国国会和美国政府应当鼓励开发和使用先进的制造技术,以减少药物短缺和质量问题。先进的制造技术能够实现规模化快速生产疫苗和医疗产品,从而缩短供应链。

(8)美国政府应当推动使用先进开发和制造创新中心(CIADMs)计划。根据《公共卫生服务法》,通过使用 CIADMs 计划,支持生产公共卫生紧急事件所需的产品,并应对生物恐怖主义。

(9)美国国会应当通过 H. R. 6531 法案,即《流行病医疗用品法案》,该法案允许国家战略储备与国内制造商合资,建立新的或扩大个人防护用品生产线。

（10）美国国会应当通过立法继续促进旨在防止和减轻药物短缺的政策发挥作用，例如允许政府与药品分销商签订合同，分销商将确保、管理和补充那些具有高风险短缺药品的供应。

（11）美国国会应当通过 H. R. 6930 法案，即《美国生产原料药、药品和辅料法案》，该法案要求美国政府问责局（GAO）进行一项研究，评估各国不同的法规要求是否会导致药品生产效率低下，提高设施检查时间表的透明度，并编纂 FDA 的先进生产技术计划。该立法将使监管程序更加有效，并激励国内生产。

（12）美国国会应当通过 H. R. 7767 法案，即《国内医疗和药品制造税收抵免法案》，该法案将美国国内制造业收入的税率减半，以及通过税收抵免销售原料药和医疗解决方案，并为在美国生产药品和医疗产品的先进制造设备的新投资提供 30％的投资税收抵免。

（13）美国国会应当通过 H. R. 7555 法案，即《更多的治疗法案》以及《治疗初创公司法案》，上述法案为从事传染病药物开发或研究的生物技术公司提供研发奖励，并为未创收的生物技术公司提供可退还的研发奖励。

（14）美国国会应当通过 H. R. 7537 法案，即《2020 年传染病治疗研究和创新法案》,该法案通过修改现行税法中的被动损失规则,将投资更早地引入关键的治疗方法、疫苗生产以及技术创新领域,其目的是帮助这些小公司在早期阶段获得更多投资。

(15)美国国会应当通过 H. R. 7505 法案,即《2020 年美国创新法案》,该法案通过为公司的启动资金提供特殊的税收优惠,并保留研发信贷等有价值的税收属性,从而有助于建立更多的医药初创企业。

美国国会"中国工作组"关于技术的政策建议^①

摘要:2020 年 9 月,由美国众议院共和党议员成立的"中国工作组"发布了首份报告。本文关注的是该报告"第四部分:技术"的相关内容。在该部分中,报告称保持美国在技术上的领导地位对美国在 21 世纪的增长、安全

---

① China Task Force Report, septermber, 2020. chairman Michael McCaul, U. S. House of Representatives,One Hundred and sixteenth Congress。为了便于阅读和深度思考,本文在翻译过程中尽量保留原文的说法。本文观点不代表本书观点,译文仅供参考。本文发表于 2002 年 9 月,目前文中提到的很多建议都变成了事实,正在执行。希望通过本书能给相关决策部门提供一种思考的新视角。

和竞争力至关重要。人工智能、无线通信(5G)、量子科学与技术、自动驾驶、网络安全、生物技术、制造业和太空探索等领域的进步正在迅速创造未来的产业和就业机会。在这些技术上处于领先地位的国家可能会影响下个世纪的世界秩序。而中国把在关键技术上超越美国作为一个明确的目标。到2035年,中国力求与美国并驾齐驱,实现重大技术突破,在先进产业中处于领先地位,并制定全球技术标准。报告称,美国不能把关键技术及其发展的领导权让给中国。如果中国在人工智能或量子计算等关键技术领域超越美国,将对美国的国家安全、经济竞争力和美国人的生活方式产生重大影响。报告从美国在上述新兴以及太空探索等技术领域如何应对中国的挑战以及威胁进行了分析,并给出相关建议。

一、新兴技术领域

1. 人工智能

主要发现：人工智能（AI）可能是 21 世纪最具破坏性的技术。鉴于人工智能对经济和国家安全的重大影响，主要国家和企业都在竞相开发和部署这一技术，涉及医疗保健、金融服务到农业的几乎所有领域。《2019 财年国防授权法案》授权国会成立的美国人工智能国家安全委员会（NSCAI）在 2019 年的中期报告中曾指出，美国仍然是人工智能领域的全球领导者，但这种领先地位正在受到威胁。2017 年 7 月，中国国务院发布了"新一代人工智能发展规划"，其中概述了中国在未来几年内将发展近 1500 亿元的国内人工智能核心产业规模，并到 2030 年成为领先的人工智能大国的战略。

面对来自中国的挑战，2019 年 2 月 11 日，特朗普发布一项行政命令,启动了美国人工智能倡议。该倡议指示联邦机构制定人工智能的研发预算以支持其核心使命。联邦机构还将通过识别高优先级的联邦数据和模型,改善联邦政府人工智能数据的公共访问和质量,并将高性能和云计算资源分配到人工智能相关应用和研发中,以增加对其资源的访问,推动人工智能的研究。在美国联邦政府 2021 财年预算中,政府提议在未来两年内将人工智能的非国防支出从 9.73 亿美元增加至约 20 亿美元。

建议:(1)美国国会应确保《2020 年国家人工智能倡议法案》①最终获得通过。该法案将创建一个关于人工智能的国家倡议,协调和加速跨联邦研究机构的联邦投资;指导开发可信赖的人工智能标准的自愿风险管理框架;通过建立国家人工智能研究所网络,促进人工智能领域的公私合作;支持发展 K-12 课程的人工智能,以及增加奖学金和培训机会,以培养高素质人才。

(2)美国国会应当支持政府关于 2021 财年加快联邦政府对值得信赖的人工智能研发投入的承诺,目标是在

---

① National Artificial Intelligence Initiative Act of 2020

未来两年将投资额增加一倍。民用和国防部门的联邦投资将开发人工智能标准和解决方案,跨民用和国防机构的联邦投资将制定人工智能标准和解决方案,并做好劳动力储备。

(3)美国国会应通过 H. R. 8132 法案,即《美国竞争法案》,该法案将为人工智能和相关技术的商业应用提供路线图,并消除美国公司投资和创新所面临的障碍。

(4)联邦政府应当采纳公共与预算管理办公室(OMB)《关于"人工智能应用管理指导"的备忘录》。美国联邦贸易委员会(FTC)和消费者产品安全委员会(CPSC)也应当采纳这一指导意见。该指南要求各机构在考虑与人工智能应用有关的法规或政策时,应促进技术进步,同时保护美国的技术、经济和国家安全、隐私、公民自由和其他美国价值观,包括自由、人权、法治和尊重知识产权等原则。

(5)美国国会应当通过 H. R. 6395 法案,即《2021 财年国防授权法案》中第 217、222、241—249 条,这些条款由美国人工智能国家安全委员会(NSCAI)提出建议,以确保必要的人才、基础设施以及促进应用。

2.5G

主要发现:美国和中国正在为5G无线通信的部署进行全球竞争。中国试图通过在国内外建设5G基础设施,以主导标准制定、技术开发和全球供应链,从而增强全球竞争力。为了消费者的服务、创新、经济增长和国家安全,美国必须加快5G部署方面的公私合作。

报告指出,5G将成为21世纪美国繁荣与安全的主要推动力。这项先进通信技术将为消费者、企业和政府提供更快捷的网络连接,将改变我们的生活、工作、学习和交流方式。但5G的开发和部署也带来了新的风险和漏洞。美国5G的部署完全由私营部门推动,而中国的5G部署则由政府驱动,包括通过其"一带一路"倡议。中国华为技术有限公司是5G设备部署的全球领导者之一。10多年来,美国情报界一直在警告中国公司渗透美国网络的威胁,因为华为以低成本向美国供应商提供通信硬件。2017年颁布的《中华人民共和国国家情报法》要求在华的所有公司都必须遵守中国关于本地数据的要求。

为了应对这种日益增长的威胁,美国国会和政府针对华为和其他可疑公司采取了一致行动,以确保美国的网络安全,并鼓励美国本土企业开发和部署电信设备,以减少对不可信的外国设备的依赖。美国国会通过多项法律,以保护网络免受不良行为者的侵害,包括两党共同制定的《安全与可信通信网络法案》(P. L. 116—124),通过鼓励农村地区的小型供应商拆除和更换华为和中兴等中国公司的可疑设备,以帮助保护美国的通信供应链安全。

美国政府还对华为及其在中国的附属机构采取行动,限制华为获得美国的技术和软件。报告称,美国政府还帮助其他一些主要国家更好地了解通信设备中所存在的各种风险。英国和法国最近均宣布逐步淘汰并禁止华为进入其通信网络。保护美国的网络安全和确保盟友采取类似行动,是保持美国在技术方面的领导地位和保护所有美国人隐私的关键组成部分。美国国务院已经启动了"清洁网络"(Clean Network)计划,使用国际公认的标准来保护美国的资产,包括公民数据和公司中有价值的信息,使之免遭像中国攻击。

建议:(1)美国政府部门经由国家电信工业管理局,按照两党 2020 年《安全 5G 及超越法案》(P. L. 116—184)的指导,继续实施"保障 5G 国家战略"。该战略旨在促进 5G 在美国国内的推广;评估网络安全风险,确定 5G 功能和基础架构的核心安全原则;解决在全球开发和部署 5G 基础设施期间美国经济和国家安全面临的风险;推动全球负责任地开发和部署安全和可靠的 5G 基础设施。

(2)美国国会应当通过立法,精简联邦、州、地方固定和无线通信网络许可程序,以确保所有美国人都能联网。减少美国的监管壁垒将加快宽带和 5G 通信基础设施的部署,推动非中国制造的安全解决方案的应用。目前,美国国会众议员已提出超过 20 条相关议案:

- H. R. 292 号决议,《2019 年农村宽带许可效率法案》
- H. R. 4741 号决议,《灾后联系社区法案》
- H. R. 7355 号决议,《联邦宽带部署跟踪法案》
- H. R. 7367 号决议,《促进数字应用法案》
- H. R. 777 号决议,《部署更多的互联网交换和遗留应用程序的基础设施法案》《数字应用程序》
- H. R. 7344 号决议,《在未服务地区联邦宽带部署法案》
- H. R. 7421 号决议,《加快联邦宽带部署审查法案》

- H. R. 7349 号决议,《加强宽带部署的行政审查法案》

- H. R. 7334 号决议,《宽带部署精简法案》

- H. R. 7350 号决议,《加快评估和精简的标准费用法案》或《标准费用法案》

- H. R. 7373 号决议,《野火无线电弹性法案》

- H. R. 7337 号决议,《宽带部署比例审查法案》

- H. R. 7353 号决议,《在安全可信情况下及时更换早期不可靠宽带网络法案》或《可信宽带网络法案》

- H. R. 7333 号决议,《沿海宽带部署法案》

- H. R. 7378 号决议,《布朗菲尔德宽带部署法案》

- H. R. 7374 号决议,《减少陈旧的基础设施部署许可法案》或《快速行动法案》

- H. R. 7335 号决议,《保护关键基础设施法案》

- H. R. 7369 号决议,《电缆透明法案》

- H. R. 7364 号决议,《消费者接入宽带促进地方经济和竞争法案》或《有线电视竞争法案》

- H. R. 7360 号决议,《弹性和灵活的无线电投资法案》

- H. R. 7357 号决议,《无线电的宽带竞争和高效部署法案》

- H. R. 6488 号决议,《精简允许有效部署宽带基础设施法案》或《速度法案》

- H. R. 7363 号决议,《社区过度监管网络需要当今的经济竞争法案》或《连接法案》

- H. R. 7364 号决议,《本地经济领导者的宽带和电缆接入法案》或《电缆领导法案》

- H. R. 7352 号决议,《障碍和监管障碍避免部署宽带接入,需要解除管制的领导法案》或《宽带领导法案》

- H. R. 7362 号决议,《赢得国际经济领先地位和扩大服务支持领先地位法案》或《无线电的领先地位法案》

(3)美国国家电信和信息管理局(NTIA)应继续与所有拥有频谱许可证的联邦机构合作,探讨如何增加频谱的商业使用。根据总统的指示,发布一份长期频谱战略的行动路线图。

(4)美国国会应当通过 H. R. 4998 法案,即《2020 年安全可信通信网络法案》(P. L. 116—124),美国联邦通信委员会(FCC)可以为企业建立一个补偿计划,以清除通信网络中对国家安全构成威胁的可疑设备。

(5)美国国会应当通过 H. R. 6624 法案,即《2020 年联合战略联盟(美国)电信法案》,该法案将促进安全开放的无线电接入网络(O-RAN)的 5G 软件、设备的部署和使用。

(6)美国国会应当通过 H. R. 6235 法案,即《网络法案》,旨在制裁从事经济或工业间谍活动的中国电信公司。

(7)美国商务部应当严格执行最新的"出口管制规定"(EAR),限制向实体名单上的实体出售或转移敏感的美国技术,包括 5G 技术,如华为及其附属公司以及中国军民融合战略的参与者。

(8)根据《2019 财年国防授权法案》的要求,应当全面执行禁止使用或采购华为和中兴的某些电信和视频监控设备的禁令(P. L. 115—232)。

3. 量子信息科学与技术

主要发现:量子信息科学与技术即将重新定义下一

代科技突破。美国必须确保在该领域的领导地位。中国在量子技术上投入了大量资金,并有可能在下一次量子革命中威胁改变全球力量的平衡。

报告称,中国在其"十三五"规划和"中国制造 2025"战略中均将量子信息科学列为重点。根据美国新安全中心的一份报告,中国国防专家认为,"量子霸权"可能决定国际政治的未来。中国一直在夸耀其在量子领域的成就,包括首颗量子科学卫星和连接北京和上海的量子网络。

为应对中国的挑战,2018 年,特朗普签署《国家量子倡议法案》(NQI),该法案利用美国政府、业界和学术界的资源和专长,制定了一个统一的国家量子战略,确保美国在量子信息科学(QIS)领域继续取得突破。该法案授权联邦政府在 5 年内投入 12 亿美元用于研发量子信息科学。美国政府还发布了《量子信息科学国家战略概览》,指导量子信息科学的发展行动。美国政府还提议,到 2022 财年将量子信息科学的研发基金增加一倍。

建议:(1)美国政府和国会应当继续执行《国家量子倡议法案》(P. L. 115—368)。该法案制定了一个为期 10 年的国家量子战略计划,通过一个跨机构协调机制加速量子信息科学和技术发展,美国能源部(DoE)和国家科学基金会建立了量子研究机构,国家标准与发展研究所确定量子标准的研究方向,以及创建量子经济发展联盟(Q-EDC),促进产业界和政府的合作。

(2)美国国会应当支持并资助量子用户扩展("探索")计划,就像 H. R. 8303 法案提出的那样,即《2020 年QUEST 法案》。该法案鼓励和支持以研究目的访问美国的量子计算资源,建立一个强大的国内量子计算产业部门,并储备人才。

(3)美国国会应当通过 HR. 8279 法案,即《2020 年量子网络基础设施法案》,支持美国能源部的量子网络基础设施研究和发展计划。量子互联网目前仍处于发展的初始阶段,但将对科学、工业和国家安全的关键领域产生深远影响。

(4)美国政府应当评估并解决量子计算给国家安全系统带来的风险。美国国防部应当按照 H. R. 6395 法案,即《2021 财年国防授权法案》中相关条款的指示,就量子计算对国家安全系统构成的当前和潜在的威胁和风险进行全面评估。

(5)美国国防部应当建立量子创新中心,以确定未来

3—5 年内量子计算机可能解决的技术问题和面临的挑战。国防部还应与学术界和产业界建立伙伴关系,以加速量子计算相对于传统计算系统的国家安全应用。

4. 自动驾驶

主要发现:美国必须继续引领自动驾驶汽车(AV)的发展。中国正在利用其在美国公路测试中获得的经验,计划如何在未来几十年主导自动驾驶领域。美国确保其在 AV 生态系统中的领导地位,对创造和保留国内就业机会以及经济的长期健康增长至关重要。

报告称,中国通过类似于华为这样的由政府支持的企业,将自己定位为 AV 技术的世界领导者。使用类似的战略,中国正试图为控制 AV 市场奠定基础。而对于已经面临挑战的美国汽车行业而言,失去这一市场将是灾难性的损失。因为汽车产业长期以来一直是美国经济的支柱,提供了 1000 万个就业岗位,对美国国内生产总值(GDP)的贡献率接近 3.5%。该行业的未来与自动驾驶技术的发展密切相关,而且新冠肺炎疫情危机凸显出对自动驾驶的更广泛需求。

与此同时,中国公司正在利用美国的创新系统,在美国本土进行自动驾驶的研究和测试。中国的自动驾驶公司在加州公路上测试自动驾驶汽车的数量仅次于美国,加州的公路是世界上最重要的测试场之一。如同电信领域一样,允许中国在自动驾驶技术领域掌控标准、创新、制造和部署,将会严重损害美国的经济和国家安全。

建议:(1)美国国会应当通过 H. R. 8350 法案,即《自动驾驶法案》,以确保美国引领自动驾驶技术的发展。如果国会不采取行动,美国将把自动驾驶技术的领导权让给中国。

(2)美国国会应当通过 II. R. 7972 法案,即《先进无人配送服务法案》,该法案将研究自动配送对美国社会各个领域和部门所产生的积极作用,包括医疗保健和食品服务等。

(3)美国国会应当通过 H. R. 7214 法案,即《地面交通研究和开发法案》,该法案将支持自动驾驶系统的基础研究,包括创建一个试验台,用于开发和测试自动驾驶技术,从而改善美国在食品供应和其他关键供应品方面的物流体系。

5.网络安全技术

主要发现:由于中国对美国构成持续的网络安全威胁,美国必须继续开发和部署用于网络安全的技术。网络安全是 21 世纪国家和经济安全面临的重大挑战之一。联邦政府、关键基础设施部门和所有美国人都越来越依赖网络空间,而新技术增加了敏感信息和环境的复杂性。

建议:(1)美国国会应当通过网络委员会的关键立法建议,旨在更好地保护主要供应链不会受到中国的干预。

(2)美国国会应当通过 S. 2775 法案,即美国通过教育或《黑客法案》收获网络安全知识,将支持由某些机构牵头的网络安全教育计划。该法案将通过加强现有的科学教育以及国家标准与技术研究院、国家科学基金会、NASA 和交通部的网络安全项目,对美国公共和私营部门的工作人员加强网络安全管理。

(3)美国国会应当通过 H. R. 3255 法案,即《基础设施部署法案》,该法案旨在建议如何在通信行业提高劳动力素质,促进通信基础设施的部署,鼓励参与产业主导的劳动力发展计划。

(4)美国政府应当继续推动美国国家标准与技术研究院(NIST)的网络安全框架的采用,保护公共和私有系统,并支持测量科学的发展,该学科将为新网络技术和物联网(IoT)的标准开发提供有价值的信息。

(5)美国政府应当继续通过国家电信和信息管理局(NTIA)的多方利益相关者程序,以及网络安全与基础设施安全局(CISA)的约束性操作指令程序,加强私营部门和政府关于漏洞披露和协调应对的信息共享。

(6)美国政府应当采纳由美国国防部和国土安全部发布的"抗僵尸网络恢复路线图"中提出的相关建议,包括"增强互联网和通信生态系统抵御僵尸网络和其他自动化、分布式威胁的能力"。

(7)美国国会应当通过 H. R. 8132 法案,即《美国竞争法案》,其中包括《智能物联网法案》的条款。该法案在联邦政府层面强化了物联网战略,以应对中国的挑战。

6. 生物技术

主要发现:中国的生物技术产业在过去十年间迅速增长,成为中国挑战美国生物经济中全球主导地位战略的一部分。因此,美国必须领导生物科学新技术和新兴技术的研发。

报告称,生物技术产业是美国经济中一个庞大且不断增长的部门,有超过8.5万家公司,创造了140多万个就业岗位。而中国将生物和生物技术视为与美国新的竞争领域之一。中国在基因编辑、基因检测和数据收集方面的主导地位以及对生物制药产品的垄断可能继续影响美国经济所涉及的所有部门,包括能源生产、食品供应和农业、医疗保健,并可能增加军队的风险。因此,美国绝不能将其在生物技术领域的领导地位让给中国,并且必须建立一个研究和监管框架,以支持创新,并为新产品创造市场,同时为全世界制定生物安全、道德和隐私标准。

建议:(1)美国国会应当通过 H. R. 4373 法案,即《2019年工程生物学研究和发展法案》,该法案将确保美国继续领导新生物技术的发展,包括合成生物学、生物制造和非人类基因编辑。该法案将为工程生物学领域的联邦投资建立跨机构协调和战略框架,同时扩大公私伙伴关系,强化下一代工程生物学研究人员的教育和培训机制。

(2)美国国会和政府应当共同努力,使生物技术产品的监管框架现代化,包括考虑根据第 13874 号总统行政命令成立特别工作组,建立"现代化农业生物技术产品的监管框架"。

7. 先进制造

主要发现:中国正在寻求向价值链上游转移,从传统上依赖大规模生产低端产品转向发展高科技制造业。而美国在先进制造领域的领导地位对于美国在新产品、新工艺和新服务方面处于领先地位而言至关重要。

制造业约占美国 GDP 的 12%,雇佣了大约 1200 万美国工人。制造商还为美国约 2/3 的工业研发提供资金,成为技术创新和美国保持技术领先地位的基础。然而,美国政府已经认识到,美国制造业竞争力相对中国和其他国家出现下降态势。"中国制造 2025"战略旨在通过"自上而下"的政府控制产业政策,将中国从低端制造国家转变为高端产品生产大国。

建议:(1)美国政府和国会应当继续支持实施"美国在先进制造业的领导地位战略",该战略通过开发和转型新制造技术、制造业劳动力教育和再培训,以及扩大国内制造供应链能力来领导制造业的发展。

(2)美国政府应当利用美国制造研究机构和制造扩展伙伴关系(MEP)项目,协助中小制造商进行设备改造和技能更新,实现供应链多元化,并根据《美国制造业领导法案》(P. L. 116—92),促进美国先进制造业的地域多样性。

(3)美国国会应当通过 H. R. 8132 法案,即《美国竞争法案》。该法案包括以下条款,即推广物联网先进制造技术,鼓励国家采用物联网设备制造模型代码,强化先进的 3D 打印制造能力等。

8.标准制定

主要发现:美国政府应与盟友以及私营部门合作,主导新的电子技术的标准制定以及在国际标准机构的主导权,以对抗中国主导和操纵国际标准制定机构的努力。

尽管美国专家历来是国际标准制定领域的领导者,尤其是在新兴技术方面,但美国正在失去优势。"中国制造 2025"战略的一个明确目标是主导国际标准的制定。例如,中国特别关注制定全球 5G 标准的国际电信联盟

（ITU），并任命 1 名中国公民担任该组织的负责人。

建议：（1）美国国会应当通过 H. R. 6395 法案，即《2021 财年国防授权法案》中的第 1705 条，该条款将指示美国国家标准技术研究院（NIST）进行一项独立研究，关于中国企业参与新兴技术国际标准组织活动时中国政府的影响和协调情况，以及如何提高美国政府和产业界对国际标准的参与度。

（2）美国国会应当通过 H. R. 4500 法案，即《2019 年促进美国无线领导力法案》，该法案将增强促进美国在通信领域国际标准制定的领导地位。

（3）美国国会应当通过 H. R. 3763 法案，即《2019 年促进美国在 5G 领域的国际领导地位法案》，该法案将提高美国在国际标准制定机构中的领导地位和参与度，并增强与盟国和合作伙伴的参与。

（4）美国国会应当通过 H. R. 5698 法案，即《促进安全 5G 法案》，该法案旨在防止中国利用国际金融机构的贷款采购或推进 5G 基础设施建设，导致国外 5G 网络面临安全风险。

二、太空探索与技术

主要发现：中国试图吸引国际合作伙伴支持其太空探索的目标并扩大影响力，美国必须保持在近地轨道的领先地位，将美国宇航员送回月球，并绘制出未来人类探索火星的路径。此外，当中国寻求在政府影响和控制下培育国内航天产业时，美国必须保持自由市场原则并精简法规，为私人投资和运营提供稳定和有吸引力的环境。美国还必须保护私营部门不会遭遇中国的知识产权盗窃。

美国将太空探索视为拓展人类知识、创造新技术和发现新现象的一种方式，而中国则试图在太空领域建立领导地位，并将其视为经济和国家安全实力的一种展示。与拥有民用机构（NASA）监督太空探索的美国不同，中国人民解放军管理着中国的太空计划。中国对太空投入了高度的关注和大量资金，同时也通过多种手段尝试收购美国的太空初创公司和技术。

建议 :(1)美国国会应当通过一项针对 NASA 的重新授权和资助年度拨款,支持美国宇航员重返月球表面和火星表面,确保太空探索的连续性,并支持太空发射系统的发展。

(2)美国政府和国会应共同努力,出于战略目的维持在近地轨道的领先地位,包括继续运行国际空间站并尽快过渡到商业平台。

(3)美国应当通过双边协议寻求国际社会参与太空探索,应当接受关于月球探索的"阿尔特弥斯(Artemis)协议",并加强国际空间站关于未来近地轨道活动的政府间协议,使美国成为比中国更有吸引力的合作伙伴。

(4)美国国会和政府应当支持一个平衡、强劲和稳定的科学事业,以对抗中国试图在地球科学、天文学、天体物理学、太阳物理学、行星科学、生命和物理科学领域超越美国领导地位的企图。

(5)美国应当利用私营部门的投资来实现其太空探索目标。太空和地球上的私营基础设施能够以更低的成本支持美国政府的太空探索活动,政府并非唯一的所有者和运营商。定期的飞行机会和创新的合同机制可以支持平台和其他基础设施的发展,从而在政府和私人客户之间共同承担固定成本。

（6）美国国会应当重新审议《沃尔夫年度拨款法修正案》，该修正案已实施9年，该法案禁止NASA和中国进行双边合作，除非政府提前30天证明，双边的互动不会对美国国家安全产生影响的技术、数据或其他信息转让给中国或中国国有企业，双边的互动也不会涉及涉嫌侵犯人权行为的官员。国会应当分析和评估上述限制是应该修改还是应该加强。

（7）美国国会应当通过H.R.3610法案，即《美国太空商业自由企业法案》，该法案将简化商业遥感系统许可的程序。

（8）美国国会应当通过H.R.6208法案，即《保护美国太空资产法案》，该法案将加强美国在太空的军事和商业能力，促进太空空间的航行自由，加强保护太空制造项目和供应链等措施，保护美国航空工业免受中国的干涉。

（9）美国国会应当通过H.R.6395法案，即《2021财年国防授权法案》中包含的《空间技术进步报告法案》，该法案将指导国家航天委员会制定战略，以确保美国在面对来自中国日益激烈的竞争时，仍保持太空强国的地位。

研究分析

日本关键技术推进机制分析①

  日本政府对"关键技术"没有统一的认定,依据不同政府部门的职能以及所出台的政策措施,"关键技术"所涵盖的内容有所不同。日本政府发布的第 5 期"科学技术基本计划"中提到,"要推进在广泛领域能够对新产业的创造以及具有较大经济影响的通用性的'关键技术'(基础战略技术)的研发"。而在日本防卫省公布的 2019 年版《防卫白皮书》中,则提出"要确保日本在重要的'最先端技术'(关键技术)领域的重要地位"。在日本经济产业省的相关政策及报

---

  ① 本文为独立研究分析,供参考。

告中,并没有提到"关键技术",强调的是推进"基础技术"及"共性技术"研发的重要性。由此可见,日本政府有关"关键技术"的表述强调了通用性、基础性以及先端性。

在科技创新及关键技术的推进机制方面,自 1971 年以来,日本每 5 年开展一次全国范围内大规模的技术预测调查活动,作为技术政策和产业政策的基础。1995 年,日本通过《科学技术基本法》,确立了"科技立国"的基本方针,科学技术被定位为国家最重要的方向之一。1996 年以来,日本开始制订为期 5 年的《科学技术基本计划》,实施长期、系统、连贯的科技政策。为了实施《科学技术基本计划》,日本政府每年发布《科学技术创新综合战略》,进一步明确《科学技术基本计划》指导方针下的年度重点计划和具体项目实施。

一、以技术预测为基础,实施持续、系统的科技政策

日本对关键技术的选择可以追溯到 1963 年通产省

对产业技术进行的预测。20 世纪 70 年代以来，日本的技术预测从未间断，其时间之长、范围之广、规模之大、参与部门和人员之多，举世罕见。技术预测调查项目每 5 年开展 1 次，就未来 15—30 年各个领域的科技发展方向进行技术预测，为未来的科技发展提供新方向和新目标，至今已经开展了 11 次。

日本的技术预测由政府和企业共同进行，遵循需求性、全面性、可预见性和可评价性 4 条基本原则。日本的技术预测通常不是对未来图景的一般描述，而是可以具体实施的蓝图；不是孤立进行的系统，而是与国家技术政策和产业政策密切联系在一起。

技术预测在制定科技发展战略中发挥了重要作用，包括《科学技术基本法》《科学技术基本计划》的制定和修改。1995 年 11 月，日本《科学技术基本法》在众参两院获得全票通过，标志着日本确立了"科技立国"的基本方针，科学技术被定位为国家最重要的方向之一。1996 年，日本开始制订为期 5 年的《科学技术基本计划》，实施长期、系统、连贯的科技政策。根据第 11 次技术预测的相关成果，日本已开始着手制定第六期科学技术基本计划，并探讨修订《科学技术基本法》。

在日本科技战略规划体系中,最为重要的就是每 5 年公布 1 期的《科学技术基本计划》。而在《科学技术基本计划》确定科技发展五年中长期发展目标和方向后,更多是依靠日本内阁府每年发布的《科学技术创新综合战略》,进一步明确《科学技术基本计划》指导方针下的年度重点计划和具体项目实施。自 2012 年第二届安倍政府成立以来,《科学技术创新综合战略》成为日本国家科技创新发展战略中的重要一环予以推行。可以说,《科学技术创新综合战略》在规划地位上虽仅次于"科学技术基本计划",但却更能体现日本政府推动科技创新的具体思路和改革举措。《科学技术基本计划》和《科学技术创新综合战略》两者共同支撑日本"科技创新立国"战略。

二、强大的科技投入是发展关键
技术的基本保证

20 世纪 70 年代以来,日本对增加研发投资十分重视,一直保持着较高的增长速度。80 年代,日本的研发投入占 GDP 的比例已居世界前列。在日本实施的一系列科技计划中,研发投入都较为充足。如超大规模集成电路计划 4 年投资 2.9 亿美元,年均 7000 多万美元,与美国等其他国家相比,属中上水平。2016 年制定的"第 5 期科学技术基本计划"提出,未来 10 年,通过日本政府、学术界、产业界和国民等相关各方的共同努力,大力推进和实施科技创新政策,把日本建成"世界上最适宜创新的国家"。为此,计划未来 5 年确保研发投资规模,力求官民研发支出总额占 GDP 的 4% 以上,其中政府研发投资在 GDP 中占比达到 1%(约为 26 万亿日元)。

三、企业的积极参与和良好的官产学研结合 机制在促进关键技术发展中起着重要作用

日本企业在研究开发活动中一直扮演着重要的角色,企业研究开发投入占全国研究开发投入的比例高达 70% 左右。在"超大规模集成电路"计划中,日本工业技术研究院电子综合研究所、计算机综合研究所与五大公

司结合,组成100多位研究人员参加的"超大规模集成电路研究研究组合体",既从事通用技术和基础技术的研究,又进行商业化开发,为日本集成电路产业的发展奠定了坚实基础。在此计划中,企业投入的费用约占60%,政府投入约占40%。

四、日本政府推进关键技术研发的 代表性项目及实例

1.致力于"技术追赶"的"产业技术研究团体",最具代表性的为"VISL"

20世纪70年代,日本政府技术政策的目标是支持国内产业发展到世界水平。这一时期的日本企业研发能力弱,大量技术以引进为主,企业主要从事引进技术的消化吸收或适应性改造。这一时期,日本政府对于关键技术的政策支持目标是提高单个公司或几家大企业的研发能

力,支持领域集中于半导体、电子等少数领域。同时,采取了"产业技术研究团体"的组织形式,即以某一个特定产业主题为对象,各企业共同出资、共同提供研究人员,成立非营利性研究团队开展共同研究。政府通过给予加入企业税收优惠和补助金的方式,倡导民营企业加入科技研发,鼓励政府和企业在高端技术领域共同研发。其中,最具代表性、影响最大的就是 1976—1980 年的"超大规模集成电路"(Very Large Scale Integration,VLSI)研究联合体。VLSI 项目成立的目的是应对美国集成电路产业的垄断,提升日本本国的计算机产业竞争力。该项目由日本通产省(经济产业省的前身)牵头,同时与日本电气、东芝、日立、富士通、三菱电机 5 家日本大型半导体生产企业,以及日本工业技术研究院电子综合研究所和计算机综合研究所签署组成 VLSI 研究协会协议,组建研究联合体,即 VLSI 研究协会。在研究任务开展方面,协会根据技术与市场的"距离",设立联合实验室和企业实验室。对于通用性和基础性技术,在联合实验室进行研发;对于技术的应用性研究,则由企业在各自独立的内部实验室进行。1976—1980 年,日本通产省为该项目提供的补助金共计 592 亿日元。

2.致力于"技术领先"的日本关键技术中心的建立以及"工业科学技术前沿计划"

20世纪80年代,日本企业的研发能力有了很大提升,日本政府对于关键技术研发的支持转而以实现技术领先为目标,从主要支持几个大企业的研发转向以支持合作研究为主,而且支持的技术领域也更加宽泛。1985年,为突破特定行业或技术领域内的关键共性技术,日本政府组建日本关键技术中心(JKTC),由政府和企业共同出资建立。日本政府将JKTC视为政府的投资计划,而不是产业研发补贴计划,其任务是满足私营部门试验和研究项目的资金需求,通过政府、产业界和学术界的合作提高研究能力,促进相关技术的试验和研究。JKTC每两年进行1次项目招标,项目由产业界提出,JKTC并不制定项目指南和具体技术领域。项目选择的标准包括:技术水平、在交叉技术领域影响的广度,以及私人部门是否有合适的研发支持。JKTC一直运营至1998年。在此期间,日本政府还推出"工业科学技术前沿计划",每年拨款2.6亿美元,集中资助工业技术早期阶段的研发,其计划目标类似于美国的"先进技术计划"(ATP)。

3. SIP 成为目前日本政府推出的最重要的推进关键技术研发的项目

2013 年,日本政府启动了名为"战略性创新推进计划"(Strategic Innovation-drive Project, SIP)的项目。SIP 由日本内阁府直接负责,在综合科学技术会议(CSTP)重组为日本综合科学技术创新会议(CSTI)之后,由后者直接管理。自 2014 年起,SIP 的 11 个项目每年投入约 500 亿日元预算,主要集中在能源、新一代社会基础、地区资源和健康医疗 4 个领域,试图通过联合产业界、学术界以及各相关政府机构,促进日本关键技术领域的研发及应用。2015 年 5 月 23 日,SIP 正式启动,所包含的 11 个项目计划分别是:

(1)创新性的燃烧技术(改进高温空气燃烧技术,包括高热效回收技术和高温低氧燃烧技术)(20 亿日元);

(2)新一代电子设备制造技术(新一代微型与高速半导体存储模块、半导体器件、半导体单晶片的技术开发)

(22亿日元);

(3)创新性的新材料(航空飞机树脂和玻璃钢材料、耐环境陶瓷材料、耐热合金的开发,维持和强化日本在零部件与原材料领域的产业竞争力)(35亿日元);

(4)新能源开发(氨能、有机氢化物、氢能利用技术及研发)(29亿日元);

(5)新一代海洋资源调查技术(海洋资源成因研究、海洋资源及生态系统实地调查和长期监测技术的开发,确立日本在开发海洋稀有金属领域的技术领先地位)(60亿日元);

(6)自动驾驶技术(自动驾驶系统开发与验证、可视化监测二氧化碳排放、微型技术与模拟实验技术开发)(24.5亿日元);

(7)基础设施维护管理、更新、管理技术(检查与诊断技术、劣质材料结构修补技术、信息通信技术、机器人技术研发)(34.5亿日元);

(8)强化防灾和减灾领域相关技术(最新观测分析技术、抗震模拟实验技术研发)(24.5亿日元);

(9)重要基础设施的网络安全技术(研究和开发行为检测/分析技术和防护技术,如控制、通信设备的可靠性/

完整性检查技术,增强重要基础设施领域的国际竞争力);

(10)新一代农林水产生产技术(太阳能植物工厂开发、新一代功能性食品高效利用技术)(35亿日元);

(11)创新性的生产制造技术(满足多样性需求的设计及生产制造方法,以及高质量、低成本生产制造技术的研发)(25.5亿日元)。

2018年7月,日本综合科学技术创新会议(CSTI)公布第2期SIP项目,所资助的12个领域中,部分可以视为第1期SIP项目的"升级版",包括:基于大数据和人工智能的网络空间基础技术,物理空间数字数据处理基础技术,与物联网社会相对应的网络物理安全,自动驾驶(软件系统与服务的产业化),复合材料开发系统的材料革命,5.0社会与光·量子有关的技术群,智能生物产业和农业基础技术,实现"脱碳"社会的能源系统,加强灾害预防和灾后恢复能力(防灾、减灾),人工智能医院的先进诊疗系统,智能物流服务,创新性的深海资源勘察技术。

4.日本政府试图通过"颠覆性技术创新计划"将日本建设成"最具创新力的国家"

2013 年 6 月,日本政府推出"颠覆性技术创新计划"(ImPACT),旨在通过发展颠覆性技术及颠覆性创新,实现日本经济社会的革命性变化。ImPACT 计划终极目标是将日本建设成世界上"最具创新力的国家"和"充满创业精神的国家"。为了成功实现日本的飞跃,ImPACT 设立了两个实际目标,分别是实现非连续创新,以及树立成功的创新案例与模式。通过 ImPACT 的成功案例,将 ImPACT 的创新模式拓展到其他各个领域,并激发民众的创新热情,有利于在国内营造开放、创新的良好氛围。

ImPACT 的组织结构为:一层为首相、相关大臣和执行委员共同参与的全体会议,二层为由大臣、副大臣、政务次官以及部分议会议员组成的促进委员会,三层是促进委员会下设的复审专家组,四层是项目经理。ImPACT 赋予了项目经理更高的权利,包括项目选题自主权、团队组织权、项目实施决策权、经费分配使用权以及知识产权运用的决定权等。项目经理扮演的角色不仅是研究的组织者和领导者,更是整个项目的灵魂。

ImPACT 的研究主题分为五大方向:从信息网络社会迈向高智能化社会的"人与社会紧密联系的智慧社区";摆脱资源限制,实现制造能力革命性飞跃的"新世纪日式价值的创造";改变生活方式的革命性节能环保社会实现"人与地球的共生";在少子老龄化社会中创造全球最舒适生活环境的"人人都能健康、舒适的生活";控制各类灾害的影响,减少灾害带来的损失的"让所有国民都能感受到的社会体系恢复能力"。2014 年 3 月,ImPACT 开发基金成立,项目正式启动。最初的 ImPACT 只有 12 个研究主题,在 2016 年 1 月日本政府推出"第 5 期科学技术基本计划"之后,又新增了 4 个研究主题。上述 16 项研究主题分别是:

(1)超薄化、超柔韧化的聚合物研发(35 亿日元);

(2)通过细胞检索引擎"Serendipity"的成功实用案例,完成高效率生物燃料及高精度血液检查技术的开发,创造新的价值(30 亿日元);

(3)通过普及的高功率激光器制造超小型电子加速器等,实现安全、安心和长寿的社会(30 亿日元);

(4)无需充电即可长期使用的节能环保型电子设备

(储存器、个人电脑)的研发(40 亿日元);

(5)通过"生化电子系统"(Cybernic System)开发人与机械高度融合的技术,提高被看护者的自理能力,实现"零重度看护社会";

(6)以超高功能结构蛋白质,将成本降至可正式作为工业用原料且可实现万吨级规模生产水平,从而带动材料产业的革命(30 亿日元);

(7)研发极限环境超级机器人,打通灾害机器人技术与产业间的障碍(35 亿日元);

(8)利用原子核衰变技术,大量减少高阶辐射废弃物,提高再利用效率(34 亿日元);

(9)尖端超微量物质的快速多品种检测系统,突破先进微细加工工艺及电子原理等技术障碍,打造新一代电子产业的成功范例(30 亿日元);

(10)利用创新的可视化技术,开发新的产业领域,如宽带可变波长激光器、宽带二维超声波传感器、基于光学超声波的实时三维可视化系统(30 亿日元);

(11)通过大脑信息的可视化与控制,实现产业化,打造产业生态体系(30 亿日元);

(12)通过量子网络连接量子人工脑,构建高层次信

息社会的基础(30 亿日元);

(13)开发可即时观测的小型合成开放式雷达卫星系统,量产时成本最低可降至 20 亿日元/台(15 亿日元);

(14)基于人工细胞反应器的新生物制造业,生产超高感应度临床诊断系统的试制品(15 亿日元);

(15)基于仿生机器人的新产业革命,开发以人工材料精密在线头部结构的仿生机器人以及智能机械臂(15 亿日元);

(16)用于降低社会风险的超大数据平台,具备将数十公里范围内的监视器、传感器等一天中手机的所有数据在数十分钟内全部处理完成的能力,并将其应用于智慧工厂(15 亿日元)。

主要参考资料

[1] 革新的研究开発推進プログラム(ImPACT),日本内阁府,https://www8.cao.go.jp/cstp/sentan/about-kakushin.html

［2］日本の科学技術イノベーション政策の変遷,科学技術振興机构研究开发战略中心,2020 年 3 月

［3］欧米主要国のオープンイノベーション政策・技術動向調査,科学技术振兴机构研究开发战略中心,2020 年 3 月

［4］統合イノベーション戦略(2017、2018、2019),日本内阁府,https://www8. cao. go. jp/cstp/tougosenryaku/index. html

［5］科学技術基本計画(第 1 期、第 2 期、第 3 期、第 4 期),日本文部科学省,https://www. mext. go. jp/a_menu/kagaku/kihon/main5_a4. htm

［6］基盤技術研究促進事業,日本新能源与产业技术综合开发机构(NEDO),https://www. nedo. go. jp/activities/CA_00122. html